플라워 디자인

Cho Yeon Yong Blumenkunst Aus Weihenstephan

플라워 디자인

Blumenkunst

솔과학
SOLGAWHAK

머리말

바이헨슈테판 학교를 알게 된 것은 2000년 일본 플라워디자인 전문학교 1학년 때이다. 바이헨슈테판 교장인 루트비히 오트 선생이 학생들과 함께 일본 플라워디자인 전문학교를 방문했던 것이다. 그곳에서 오트 선생은 데몬스트레이션과 다양한 영상 자료를 통해서 바이헨슈테판 플로리스틱을 소개하였다. 다양한 영상 자료를 보면서 내가 지금까지 한국과 일본에서 배웠던 디자인과는 전혀 다른 새로운 개념의 플라워 디자인을 접하게 되었고, 얼마 지나지 않아서 바이헨슈테판식의 플라워 디자인에 빠지게 되었다. 그 후 오트 선생과 많은 이야기를 하였고, 2001년 가을 오트 선생은 나에게 독일의 숍에서 1년간 근무하면 입학시험을 볼 수 있는 자격을 주기로 약속하였다. 2002년 4월 나는 졸업과 동시에 독일 유학을 결정하였고, 뮌헨의 Alois Brandl이라는 플라워숍에서 근무를 시작하였다. 독일어가 부족했던 나는 매일 저녁 어학원에서 독일어 수업을 들었고, 플라워숍에서는 동료들로부터 플라워 디자인에 관한 용어들을 배웠다.
2004년 나는 드디어 바이헨슈테판 입학시험에 합격하여 한국인으로서는 최초로 테크닉커 학교에 입학하였다. 독일의 교육은 한국이나 일본의 교육과는 많은 부분에서 달랐다. 선생들은 학생들에게 방향만 제시할 뿐 학생들이 스스로 모든 것을 찾아야만 했다. 처음에는 숱한 시행착오를 겪었지만 어느덧 바이헨슈테판의 플로리스틱을 표현할 수 있게 되었고, 졸업 시험 합격과 동시에 2007년 7월 한국인 최초로 독일테크닉커플로리스트를 취득하였다.

바이헨슈테판 플라워 디자인의 모티프는 자연에서 출발한다. 자연의 법칙과 조형의 법칙이 작품 속에서 잘 조화될 때 좋은 작품이라고 말할 수 있다. 이러한 법칙들을 발견하기 위해서 나는 주말이면 자전거를 타고 독일의 숲으로 향하였다. 그곳에서 많은 나투어 오브제를 제작하면서 스스로의 힘으로 자연의 법칙과 조형의 법칙을 발견하였다.

플라워 디자이너가 되기 위해서는 식물학적, 조형학적, 색채학적 지식과 드로잉 등 다양한 전문 지식이 필요하다. 나는 한국, 일본, 독일에서 경험하고 배웠던 플라워 디자인, 특히 바이헨슈테판 플로리스틱을 이 책을 통해서 전달하고 싶다.

이 책은 독일식 플라워 디자인의 종류 중에서 Strauss, Gesteck, Kranz, Tisch Dekoration, Objekt, Bluetensaeule 등 6개 부분을 종류별로 구별이 가능하도록 작품 사진을 통해서 알기 쉽게 구성하였다. 플라워 디자인의 다양한 테크닉과 이론적인 지식을 적절히 분배함으로써 대학에서 플라워 디자인을 전공하는 학생들에게 많은 도움이 되리라고 믿는다.

끝으로 이 책을 출판하는 데 많은 도움을 주신 독일 국립꽃예술전문학교 바이헨슈테판 교수진과 57회 동기들에게 깊이 감사드린다.

2009년 2월

독일 테크닉커 플로리스트 조연용

Photos

Inhalt Content

Strauss

Gesteck 어레인지먼트

Kranz 리스

Tisch Dekoration 테이블 장식

Trauerbinderei 장례식 장식

Objekt 오브제

Natuerstudien 자연 관찰

1

Strauss

구조물을 이용한 심메트리 슈트라우스

나뭇가지를 이용하여 구조물을 제작한 다음 강아지풀을 나뭇가지 사이에 교차로 넣어 작은 공간들을 만들어 준다. 튤립을 나뭇가지 사이에 끼워서 완성하였다.

심메트리 슈테헤 슈트라우스

대나무 가지를 Spiralig(나선형)로 묶어서 슈트라우스 모형을 제작한 다음 능수버들과 오리목의 양 끝을 가위로 갈라서 대나무 사이에 수평으로 꽂아 준다. 이때 능수버들과 오리목이 대나무에서 분리되지 않도록 하는 것이 중요하다.

심메트리 슈테헤 슈트라우스

봄날에 고목에서 피어나는 꽃봉오리와 하얀 튤립의 율동이 돋보이는 자연스러운 심메트리 슈테헤 슈트라우스이다.

이동이 불가능한 심메트리 슈트라우스

슈트라우스는 Bindestelle(묶는 곳)이 한 곳이고 이동이 가능한 일반적인 슈트라우스와 묶는 곳이 여러 개이고 이동이 불가능하지만 장식성이 뛰어난 슈트라우스로 나뉜다. 아래의 다발은 이동이 불가능하지만 장식성이 뛰어난 슈트라우스이다.

아심메트리 슈트라우스

개성이 있는 나뭇가지를 이용하여 Hauptgruppe, Nebengruppe, Gegengruppe가 잘 표현될 수 있도록 공간을 확보한 후 그 공간에 맞게 꽃을 넣어 전체적으로 비대칭이 되도록 제작한다.

주의 _ 플로리스틱 작업에서 아심메트리 작품은 반드시 세 그룹으로 나뉜다. 가장 강한 이미지를 가지고 있는 Hauptgruppe, 강한 이미지를 가지고 있는 Gegengruppe, 가장 약한 이미지를 가지고 있는 Nebengruppe이다.

심메트리 슈테헤 슈트라우스

베어그라스를 이용하여 심메트리 슈트라우스를 제작한 후 작품의
시선을 집중할 수 있는 곳에 수국을 이용하여 하나의 큰 점을 표현했다.
아래의 작품은 질서의 종류에 따른 심메트리이다.

구조물을 이용한 심메트리 슈트라우스

떡갈나무를 이용하여 대칭형 꽃다발을 제작한다. 떡갈나무에 글라스튜브를 고정한 후 물을 넣고 수선화를 넣어 주었다.

이동이 불가능하면서 장식적인 효과가 매우 큰 아심메트리 슈트라우스

그라스를 이용하여 여러 개의 작은 다발을 제작한다. 제작된 다발은 꽃다발이 스스로 지탱되도록 여러 부분을 묶어 고정한다. 작품이 돋보일 수 있도록 꽃을 넣어 준다.

주의 _ Strauss(꽃다발)와 Gesteck(어레인지먼트)의 차이점은 Bindestelle(묶는 곳)의 유무에 달려 있다.
위의 작품은 묶는 곳이 여러 개 있는 슈트라우스이다.

식생적 심메트리 슈트라우스

꽃과 소재를 이용하여 줄기가 나선형으로 모이도록 꽃을 넣어 주며, 좌우 대칭이 되도록 꽃의 분포를 고려하여 제작한다.
완성된 꽃다발 위에 나뭇가지를 이용하여 자연스러우면서도 다양한 선을 표현한다.

식생적 심메트리 슈트라우스

제작 방법은 심메트리 슈트라우스 제작 방법과 같다.

여름이 되면 독일의 들녘에는 다양한 꽃들이 피어 있다. 이러한 들꽃들을 이용하여 Bunt Strauss를 제작한다.
Bunt Strauss는 다양한 꽃과 색을 넣어 제작하는 꽃다발로 특히 여름에 많이 제작한다.

구조물을 이용한 심메트리 슈트라우스

큰고랭이를 꺾어서 공간이 있는 틀을 제작한 후 수선화로 공간을 채워 준다.
마른 나뭇가지의 자연적인 선이 돋보이는 슈트라우스이다.

이동이 불가능하면서 장식적인 효과가 매우 큰 심메트리 슈트라우스

찔레나무와 장미를 교차시켜 여러 개의 Bindestelle(묶는 곳)를 만들어 슈트라우스가 자연스럽게 지탱되도록 한다. 이러한 슈트라우스는 수반형 화기에 장식하여 물과 꽃다발이 자연스럽게 조화되어 장식적 목적으로 활용할 수 있도록 한다.

식생적 심메트리 슈트라우스

슈트라우스는 좋은 꽃으로 제작하는 경우가 일반적이다.
아래의 슈트라우스는 다년생 초화의 뿌리를 이용하여 자연의 거친 이미지와 카네이션의 부드러운 질감이 서로 경쟁하도록 하였다.
거친 부분과 부드러운 부분이 조화를 이룰 수 있도록 덩굴의 가벼운 이미지를 첨가하였다.

파랄렐 심메트리 슈트라우스

옥잠화 잎을 여러 겹 쌓아 올려 제작한 파랄레 심메트리 슈트라우스이다.
옥잠화 줄기가 부드럽고 아름답기 때문에 파랄렐 테크닉을 이용하는 것이 장식적 효과가 크다.

슈트라우스의 테크닉은 파랄렐과 슈피랄리히로 나뉜다.

오브제 슈테헤 슈트라우스

마른 소재를 교차해서 하나의 오브제를 제작하였다.
위의 작품은 정확히 Bindestelle(묶는 곳)가 있기 때문에 오브제형 슈트라우스라고 불린다.

심메트리 슈테헤 슈트라우스

볏과 식물을 이용하여 파랄렐로 묶어 슈트라우스를 제작한다. 제작된 볏과 슈트라우스에 리듬감을 줄 수 있는 슈니발을 이용하여 딱딱한 이미지를 부드럽고 율동감이 있는 슈트라우스로 전환한 후 튤립을 슈트라우스의 바깥쪽에 배치하여 묶어 준다. 장식적으로 활용도가 높은 슈테헤 슈트라우스이다.

구조물을 이용한 심메트리 슈트라우스

검은색 고무파이프를 이용하여 꽃다발의 손잡이를 표현하고 나뭇가지와 케이블타이를 이용하여 구조물을 제작하였다.
그리고 글로리오사를 넣어 자연스럽게 구조물과 조화가 되도록 하였다.

식생적 심메트리 슈트라우스

일반적인 심메트리 슈트라우스에 앤슈리엄을 넣어 고급스러운 분위기를 연출하였다. 테크닉은 Spiralig(나선형)이며, 안정감이 있는 심메트리 슈트라우스이다.

아심메트리 슈트라우스

자연적인 선이 돋보이는 비대칭 꽃다발이다.
꽃다발의 작은 공간에 세 그룹(Hauptgruppe,
Nebengruppe, Gegengruppe)이 존재한다.

심메트리 슈트라우스

마른 소재로만 제작한 심메트리 슈트라우스이다. 정확히 좌우 대칭이며 물이 없이도 오랫동안 장식이 가능하다.

파랄렐 심메트리 슈트라우스

칼라의 특징인 줄기의 부드러움과 큰 키, 큰 가치를 잘 살려 제작한 파랄렐 심메트리 슈트라우스이다. 칼라가 크기 때문에 Bindestelle를 두 곳에 두는 것이 좋다.

심메트리 슈테헤 슈트라우스

아래의 슈트라우스는 장식적인 목적이 매우 크며, 때에 따라서 생화를 넣어 시선을 끌 수 있다. 하지만 생화 없이도 오랫동안 장식이 가능하다.

2

Gesteck

심메트리–복수 생장점–적음–식생적

고목에 구멍을 뚫어 꽃을 지탱하는 Basis로 사용하였다. 고목은 기능적인 면과 장식적인 면을 가지고 있으며 자연적인 Basis이기 때문에 오아시스처럼 무리하여 Basis를 가리지 않아도 된다.

심메트리-복수 생장점-많음-비식생적

오아시스로 세팅된 화기에 큰고랭이를 규칙적으로 꽂는다. 큰고랭이는 줄기가 가늘고 힘이 있기 때문에 수직으로 장식하는 것이 아름답다.

아심메트리 – 일생장점 – 적음 – 식생적

바이헨슈테판의 일반적인 Gesteck이며 식생적 디자인의 기본 모델이다. 세 그룹으로 되어 있으며 각 그룹의 역할이 분명할 때 비로소 아심메트리 Gesteck의 아름다움을 느낄 수 있다.

심메트리－복수 생장점－많음－식생적

조릿대의 큰 키와 수선화의 작은 키가 절대적인 차이를 보여 준다. 강한 이미지와 부드러운 이미지의 대조가 돋보이는 Gesteck이다.

심메트리－일생장점－많음－비식생적

그라스의 자유분방한 선들을 계획적으로 유도한 느낌이 드는 Gesteck이다. 그라스의 단점인 흘러내리는 것을 보완하기 위하여 중앙을 말채나무로 고정하였다.

심메트리－복수 생장점－많음－식생적

복수 생장점을 잘 보여 주고 있는 식생적 Gesteck이다. 수선화의 연약함을 말채나무의 강인한 힘으로 보호해 주는 듯한 작품이다.

심메트리-복수 생장점-적음-식생적

나뭇가지는 Basis를 가리는 역할을 하는 동시에 장식적인 목적으로 사용된다. 라눙쿨루스의 신비함이 딱딱한 나뭇가지를 통해서 더욱 새롭게 탄생한 작품이다.

심메트리–복수 생장점–적음–비식생적

나뭇가지로 사각형의 작은 공간을 만들고 그 안에 수선화를 가두었다. 강인한 빨강의 선은 수선이 꿈을 꿀 수 있도록 방향을 강력하게 제시한다.
위와 같은 작품을 제작할 때 주의할 점은 꽃을 많이 사용하지 않는 것이 중요하다. 꽃을 많이 넣으면 나뭇가지로 애써 만든 형태와 공간이 꽃에 의해서 가려지기 때문이다.

심메트리-복수 생장점-적음-비식생적

말채나무의 자연적이면서도 인위적인 선과 힘을 느낄 수 있는 작품으로 수선이 마치 감옥 속에 갇혀 자유를 갈망하는 느낌이 든다.

아심메트리 – 일생장점 – 적음 – 식생적

기본형의 아심메트리 Gesteck이다. Hauptgruppe에 시선이 닿을 수 있도록 강한 이미지를 부여하였다.
주의 _ 각 그룹의 구역이 정확히 나뉘는 것이 중요하며 그룹의 무게 중심이 Hauptgruppe, Gegengruppe, Nebengruppe 순이 되도록 한다.

심메트리-복수 생장점-많음-식생적

파랄렐 Gesteck의 딱딱한 이미지를 조팝나무의 가벼운 이미지와 결합시켜 안정감과 자연스러움을 느낄 수 있는 Gesteck이다.

심메트리–복수 생장점–많음–식생적

독일의 숲에서 꺾어 제작한 파랄렐 심메트리 Gesteck이다. 상품으로 재배된 꽃이 아니라 자연 상태의 모습을 간직한 꽃들의 조합이 돋보인다. 각각의 개성을 충분히 고려하여 제작하도록 한다.

아심메트리-복수 생장점-많음-식생적

연못에 자라는 부들의 한 이미지를 잘라 Gesteck로 전환한 작품이다. 가공되었지만 야생의 분위기를 느낄 수 있다.

심메트리-복수 생장점-적음-식생적

파랄렐 Gesteck의 기본이 되는 작품이다. 하나의 소재를 이용하여 Die Grammatik der Gestaltung(조형의 법칙)에 맞게 제작하였다.

심메트리 - 일생장점 - 많음 - 비식생적

말채나무를 거꾸로 꽂아 인위적인 형태를 만들어 율동감이 더욱 생동적이며 모든 힘이 일생장점에 모이도록 의도한 작품이다.

심메트리-복수 생장점-많음-비식생적

네 가지 식물이 단계적으로 조합되어 장식된 비식생적 Gesteck이다. 키가 큰 식물은 높은 곳에, 키가 작은 식물은 낮은 곳에 장식하여 자연의 단계를 비식생적 Gesteck로 전환하였다.

심메트리-일생장점-많음-식생적

일생장점에 많음을 표현할 때 어려운 점은 식물 하나하나가 오아시스에 잘 고정되지 않는 것이다. 모든 식물이 섬세하게 규칙적으로 한 점에 모이도록 해야 한다.

심메트리-복수 생장점-많음-비식생적

식물이 강한 바람을 맞아 꺾인 현상을 비식생적으로 전환한 작품이다. 자연적으로 전환할 때에는 한 방향으로 제작되는 게 일반적이지만 인위적인 형태로 꺾이는 현상을 표현한 작품이다.

심메트리 - 복수 생장점 - 많음 - 식생적

다양한 식물, 색, 모양 등을 조합하여 한여름 들판에서 볼 수 있는 현상을 작품으로 전환하였다.
식생적 디자인의 특징인 자연스러움이 돋보이는 작품이다.

아심메트리-복수 생장점-적음-식생적

Prozes(과정)를 표현한 작품으로 수선화와 나뭇가지가 강한 힘에서 약한 힘으로 전달되는 과정을 표현한 Gesteck이다. Basis는 복잡함을 피하고 작품이 돋보일 수 있도록 모래, 흙 등 한 가지 소재로 보충해 주는 것이 일반적이다.

심메트리-일생장점-적음-비식생적

그라스로 Geruesst를 제작하여 마른 수선화의 종이 같은 느낌과 생화 수선의 귀여운 이미지가 돋보이는 Geruesst Gesteck이다.

아심메트리-복수 생장점-적음-식생적

초봄에 마른 초화류 사이에서 피어나는 연약한 수선화가 차갑고 거친 자연에서 버티고 있는 듯한 현상을 표현하였다.

심메트리-복수 생장점-적음-비식생적

포피는 줄기가 아름답기 때문에 길게 장식하는 것이 일반적이지만, 위의 작품은 그라스의 가늘고 부드러운 선과 조화를 이루게 하기 위해서 포피를 낮게 장식하였다.

아심메트리 – 일생장점 – 적음 – 식생적

아심메트리 Gesteck는 Hauptgruppe, Nebengruppe, Gegengruppe의 그룹으로 제작되지만 아래의 작품은 네벤 그룹이 아주 미세하게 존재한다. 현재 아심메트리 Gesteck에서 가끔 볼 수 있는 규칙이다.

Hanakubari

쿠바리 : 고수버들로 제작된 온표
꽃 : 베이그라스

Hanakubari

쿠바리 : 고수버들
꽃 : 달리아

Hanakubari

쿠바리 : 고수버들로 제작된 슈트라우스
꽃 : 병꽃나무

Hanakubari

쿠바리 : 고수버들과 유리 화기
꽃 : 달리아

Hanakubari

쿠바리 : 고수버들
꽃 : 달리아

Hanakubari

쿠바리 : 돌, 나뭇가지
꽃 : 리시안서스

3

Kranz

Der gesteckte Kranz

여름의 다양한 꽃을 오아시스 틀에 꽂아서 제작한 Bunt 크란츠이다.
Kranz proportion(크란츠의 비례) = 1 : 1.6 : 1
Umriss(윤곽) : 정확히 원형이 되어야 하고 두께는 처음과 끝이 같으며 매끄럽게 연결되어야 한다.
식물 방향 : 식물은 한 방향으로 규칙적으로 꽂아야 한다.

Der gesteckte Kranz

오아시스 틀에 꽂아서 제작한 크란츠이다. 빨강 톤의 꽃들의 특징이 돋보이도록 하기 위해서 가는 선을 이용하여 방향성을 주었다.

Der Geruesst Kranz

나뭇가지를 엮어 제작하며 공간미가 돋보이는 크란츠이다. 이러한 크란츠에 꽃을 넣을 때에는 구근 식물을 이용하여 구근과 함께 장식하면 물을 공급하지 않아도 된다.

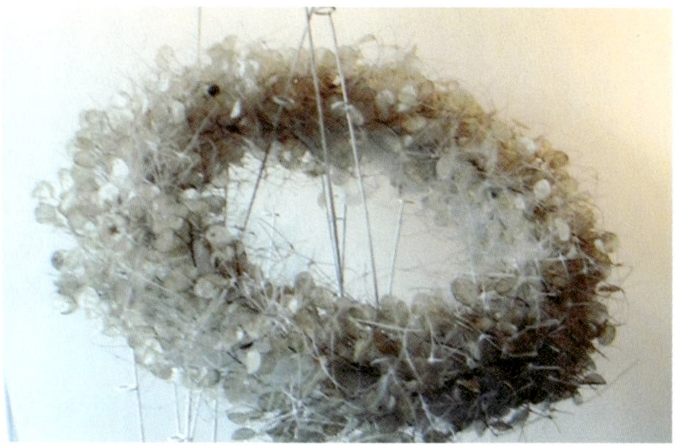

Der gebundene Kranz

마른 소재와 플라스틱 타이를 이용하여 틀에 감아서 제작하였다. 마른 소재를 이용하기 때문에 오랫동안 장식이 가능하며, 자연적 소재와 비자연적 소재의 대비가 돋보이는 크란츠이다.

Der gesteckte Kranz

꽃향유를 오아시스 틀에 규칙적으로 꽂아서 제작하였다. 꽃향유의 단순함을 피하기 위해서 덩굴 식물을 자연스럽게 넣어 주었다.

Der gesteckte Kranz

가을의 이미지를 표현한 것으로 꽃이 아닌 소재만 오아시스 틀에 꽂아서 완성한 색채학적 크란츠이다.

Der gesteckte Kranz

오아시스 틀에 꽂아서 제작한 크란츠이다. 상품으로 재배된 절화가 아니라 정원에서 채취한 소재이기 때문에 장식적인 디자인이지만 자연적인 느낌이 강조된 크란츠이다.

Der gesteckte Kranz

오아시스 틀에 꽂아서 제작한 크란츠이다. 가을에 제작한 것으로 묘지 장식에 이용할 수 있다.

Der gesteckte Kranz

녹색과 빨강의 보색 대비를 통해서 빨강의 느낌이 한층 강렬하게 표현될 수 있도록 제작한 크란츠이다.

Der gesteckte Kranz

매스 플라워 식물로만 제작한 Bunt 크란츠이다.

Der gesteckte Kranz

노란색의 꽃들만을 모아 오아시스 틀에 꽂아 제작한 것으로 색채학적 디자인을 강조한 크란츠이다.

Der Geruesst Kranz

가느다란 덩굴을 여러 번 감아서 제작한 크란츠이다. 덩굴에 힘이 없기 때문에 옮길 때 주의해야 한다.
위와 같은 크란츠에 꽃을 넣을 때에는 세 그룹(Hauptgruppe, Nebengruppe, Gegengruppe)을 설정하는 것이 중요하다.
그래야만 시각적인 안정감을 느낄 수 있다.

Der gebundene Kranz

옥수수잎을 와이어로 감아서 제작하였다. 옥수수잎이 길기 때문에 잎과 잎 사이를 연결해서 장식해도 된다.
잎과 잎 사이의 작은 공간들이 인위적이지 않고 자연스럽게 조화되어 각각의 잎들이 하나로 연결되도록 한다.

Der Gehaftete Kranz

크란츠 틀에 잎을 핀으로 고정하여 제작한 크란츠이다.
잎이 마르면서 감겨 올라간 모습이 자연스러우면서 새로운 이미지를 창출하였다.

Allerheiligen Kranz

겨울철에 묘지 위에 장식하는 크란츠로서 마른 소재(솔방울, 열매, 드라이플라워, 나무뿌리)와 겨울에도 녹색을 띠고 있는 침엽수를 사용하는 것이 일반적이다.

Der gebundene Kranz

플라스틱 폴리에 비닐을 이용하여 인공적인 크란츠 틀을 제작하였다. 틀 사이에 글라스튜브를 끼워 물을 공급한 후 식물을 넣어 크란츠를 완성하였다. 위와 같은 크란츠를 제작할 때는 가치가 있는 주 소재를 선택해야 하며 많은 꽃을 이용하는 것보다 예쁘고 개성이 있는 꽃을 활용하는 것이 중요하다.

Der gebundene Kranz

틀에 감아서 제작한 크란츠이다.
그라스 종류를 이용할 때에는 줄기가 흘러내려 모양의 변화가 올 수 있기 때문에 주의하여 제작하는 것이 중요하다.
소재는 한 방향을 향해야 하며, 규칙적인 반복을 통하여 원형을 유지해야 한다.

Moderne Advenz Kranz

현대적인 어드벤츠 크란츠는 초를 24개까지 장식할 수 있다.

Moderne Advenz Kranz

전통적인 어드벤츠 크란츠는 초를 4개만 사용할 수 있다. 12월 첫째 주 월요일에 첫 번째 초에 불을 붙이는 것을 시작으로 순차적으로 4주 동안 4개의 초에 불을 붙이게 된다. 25일이 되면 남은 모든 초에 불을 밝힌다. 크란츠의 원형은 영원을 상징한다.

Moderne Advenz Kranz

현대적인 어드벤츠 크란츠는 틀 위에 4개의 초와 조형물을 이용하여 제작하는 것을 말한다. 현대적인 건물과 모던한 테이블, 공간 장식에 어울리도록 재구성된 어드벤츠 크란츠이다.

Moderne Advenz Kranz

나무껍질과 가지를 이용하여 오브제를 제작하였으며, 양초와의 높낮이와 간격을 고려하여 제작된 현대적인 어드벤츠 크란츠이다.

4

Tisch Dekoration

철골로 제작된 베이스에 양철 화기를 이용하여 그룹을 지어 배치하였다. 양철 화기에는 속이 보이도록 철망을 이용하여 꽃을 고정하였다. 양철과 철망은 같은 질감과 색을 사용하여 조화가 되도록 한다.

테이블 장식에서 고려해야 할 부분이 눈높이이다. 시선이 닿는 25~50cm는 장식을 하지 않는 게 일반적이지만 위의 작품처럼 코스모스의 양이 많지 않고 상대방과 대화가 가능하면 이 부분을 장식해도 상관없다.

가족들이 모여 식사할 수 있는 테이블 데커레이션이다. 위 공간과 아래 공간의 조화를 위해서 같은 식물을 사용하였다. 위의 테이블 장식에서는 다양한 선을 볼 수 있는데, 그 중에서도 센터피스의 선들은 공간 구조물의 선보다 강하고 재미있게 표현하여 시선이 집중되도록 하였다.

종교 행사에 어울리는 테이블 데커레이션이다. 양초의 원형과 센터피스의 베이스 원형이 일치하도록 구성하였다.
꽃의 개성이 잘 표현될 수 있도록 장식한 Vegetativ(식생적) 테이블 장식이다.

통나무와 통나무 사이를 와이어로 연결하였으며, 와이어에 글라스튜브를 고정하여 센터피스에 물을 공급하였다.
위와 같은 센터피스의 꽃을 선택할 때에는 꽃을 여러 종류 사용하는 것보다 두 가지 정도만 사용하는 것이 좋다.
꽃이 많으면 구조물의 존재감이 떨어지며, 센터피스가 산만해진다.

마치 나비가 날고 있는 듯이 부드럽고 수동적인 선들이 자연스럽게 장식되었다.

부활절 행사에 어울리는 테이블로서 달걀을 장식적 목적으로 이용하였다. 테이블 센터피스를 과일이나 채소로 장식하는 경우도 있지만 이러한 것은 좋은 센터피스라고 할 수 없다. 왜냐하면 음식에도 같은 소재, 즉 과일이나 채소가 포함되어 있기 때문이다. 오른쪽 테이블에서 센터피스의 달걀은 상징성이 있기 때문에 장식 요소로 사용할 수 있다.

한여름 녹색이 가득한 정원의 이미지를 표현한 테이블 데커레이션이다. 원형 테이블에 원형 접시, 원형 센터피스가 조화가 되도록 구성하였다. 모양이 일치하여 전체적으로 하나의 모양이 되도록 하는 것이 중요하다.

깊은 숲 속의 이미지를 형상화하여 제작한 테이블 데커레이션이다. 가공되지 않은 자연 그대로의 현상을 테이블에 전환한 센터피스이다. 센터피스가 너무 산만하지 않도록 주의해서 장식하는 것이 중요하다.

마른 가지와 수선화를 이용하여 초봄의 분위기를 느낄 수 있도록 한 테이블 데커레이션이다.
수선화는 알뿌리 식물이기 때문에 구근과 함께 장식할 수 있다.
이때 구근은 장식적인 목적과 수분을 공급하는 기능적 목적으로 활용된다.

Objekt

Objekt-Figur 2004 / Germany

재료 : 독일가문비, 종이

Objekt-Figur 2004 / Germany

재료 : 독일가문비, 종이, 톱밥

Objekt-Nest 2003 / Germany

재료 : 잡목

Objekt-Nest
2003
Germany

재료 : 잡목

Objekt-Nest
2003
Germany

재료 : 잡목

Objekt-Nest
2006
Germany

재료 : 버들가지

Objekt-Nest
2006
Germany

재료 : 버들가지

Objekt-Nest 2006 / Germany

재료 : 자작나무, 말채나무

Objekt-Saegemehl 2004 / Germany

재료 : 톱밥

Objekt-Rinde 2005 / Germany

재료 : 종이, 나무껍질

Objekt-Schilf 2004 / Germany

재료 : 갈대

Objekt-Nagel 2004 / Germany

재료 : 솔잎

Objekt-Schilf 2004 / Germany

재료 : 갈대

Objekt-Blatt 2005 / Germany

재료 : 나뭇잎

Objekt-Papier 2006 / Germany
재료 : 종이, 나뭇가지

6

Bluetensaeule

Saeule(기둥) : 철골
Wasser versorgung(물공급) : 물호스

Saeule : 철골
Wasser versorgung : 실리콘 케이스

Saeule : 철골
Wasser versorgung : 철제 화기

Saeule : 목재
Wasser versorgung : 호스

Saeule : 철골
Wasser versorgung : 비닐봉지

Blumenkunst

Strauss

전형적인 바이헨슈테판의 조형

현상 상태Erschinungsformen

현상 상태는 하나의 형태로부터 하나의 개성을 주 가치로서 비교, 분류하는 것이다. 꽃이 가지고 있는 분위기, 상징성 등을 포함한 가치관을 정하는 것이기 때문에 꽃이 가지고 있는 개성은 꽃의 구조와 색 등의 상호 작용에 의해 결정된다. 그러므로 식물이 자연 상태에서 독자적으로 꽃을 피우는지, 군생하는지, 넓은 공간이 필요한지, 습지에서 자생하는지, 키가 큰 식물 밑에서 자라는지 등을 잘 관찰해야 한다. 식생적으로 제작된 어레인지먼트를 위한 꽃의 조합은 자연을 기초로 한다. 단지 자연의 재료를 화기에 꽂는 것이 아니라 제작자는 자신의 감성과 경험을 바탕으로 작품으로 전환해야만 한다. 이때 주의할 점은 식물의 자연스러운 식생 형태가 전면에 나타나야 한다는 것이다. 자연 그대로의 식물의 동작을 표현해야 하며, 인공적으로 형태를 변환해서는 안 된다. 예를 들어, 줄기는 꽃과 마찬가지로 효과가 크기 때문에 줄기가 없이 꽃 부분만 사용하는 것은 피해야 한다.
영국식 디자인의 큰 특징은 예쁘고 큰 꽃을 돋보이게 하는 데 초점을 두지만, 독일식 플라워 디자인은 식물의 줄기를 이용한 다양한 선을 표현하는 데 목적을 둔다.

큰 가치Grosse Geltung

가치가 큰 지배 형태, 귀중한 형태의 그룹. 존재감이 있으며, 배치해야 하는 장소를 명확히 표시한다. 작품 속에는 충분한 공간과 안정감이 필요하다. 이때 그 속에서 큰 가치를 발휘하게 된다.

식물_부들, 글라디올러스, 아마릴리스, 팔레놉시스, 백합, 에레무루스, 앤슈리엄, 칼라 등

중간 가치Mittelere Geltung

큰 가치의 꽃보다 약하지만 어느 정도 존재감이 있으며, 가치가 명확히 표시되어 있다. 화려하면서도 풍부한 아름다움을 지닌 주 가치 형태, 화려한 형태의 그룹. 비교적 소규모 군생으로 생육하고 식생적으로 어느 정도의 공간이 필요하기 때문에 밀집해서는 안 된다. 각자의 모양이 흐트러지지 않도록 배려해야 한다. 작품 속에서 전체를 조정하는 본질을 가지고 있다.

식물_튤립, 프리지어, 국화, 리시안서스, 라눙쿨루스, 달리아, 라일락, 작약, 코스모스 등

작은 가치Geringe Geltung

주 가치가 작은 공동 형태, 단순 형태의 그룹. 꽃 하나하나의 존재감이 강하지 않고 잡초처럼 군생해야만 처음으로 주장성이 나타난다. 흔히 돌담 사이에 끼여 있는 식물처럼 작품 속에서는 비교적 낮은 위치에 배치되어 개성을 발휘한다. 전체 분위기를 부드럽게 하는 본질을 가지고 있다.

식물_무스카리, 이끼류, 피튜니아, 데이지, 제비꽃, 팬지, 민들레, 버섯류 등

표면 구조Oberflaechenstruktur

종류가 다른 식물을 표면 구조적으로 조합하려면 목적에 맞는 선택이 필요하며, 이때 발생하는 효과를 정확히 인식해야 한다.

같은 성질의 표면 구조만으로 조합된 것은 조화를 표현할 수 있는 장점이 있으며, 서로 다른 성질이 조합될 경우에는 각자의 개성이 표출되므로 긴장감을 주는 효과를 낼 수 있다. 색채 또한 마찬가지로 각각의 환경을 제공하므로 작품 제작 시 반드시 고려해야 한다. Gesteck(어레인지먼트)의 제작은 각각의 효과와 개성을 이해한 후에 재료를 선택하는 것이 중요하다.

식물의 표면 구조는 재질감Textur을 의미한다. 재질감은 디자인에서 가장 중요한 요소로서 색채와 상호적인 영향이 있기 때문에 획일적인 분류는 불가능하다. 재질감은 거칠다, 매끈하다, 부드럽다 등의 촉감을 하나의 기준으로 생각하여 만든 것이다. 이러한 질감을 식물의 꽃, 줄기, 잎 등이 가지고 있는 표면의 감촉을 이미지적으로 분류한 것이다.

표면 구조는 금속 · 도자기 · 플라스틱 · 유리 · 목재 · 종이 · 옷감 등의 재료에 따라 다른 특유한 재질감을 말한다. 같은 금속이라도 표면을 매끈하게 다듬어 광택이 나게 한 것과 표면에 미세한 요철을 붙여서 빛을 난반사시켜 광택이 나지 않게 한 것은 재료가 다른 것처럼 보인다. 촉감도 다르고 더러워지는 정도도 다르다. 같은 염료로 물들인 옷감일지라도 실의 굵기, 직조법에 따라 감촉은 물론 빛깔까지 다르게 보인다. 이 같은 예에서도 분명한 것처럼 물건을 만들 때 어떤 재료를 선택하고, 표면을 어떻게 다듬질하느냐 하는 것은 디자인의 중요한 요소이며, 선택에 따라 디자인의 느낌이 완전히 다르게 표현될 수 있다.

상징성symbol

추상적인 사물이나 개념, 사상 등을 구체적으로 표현하는 것이다. 옛날부터 많은 식물이 상징으로 이용되어 왔다. 한국에서 국화는 조화로서의 상징이 있으며, 무궁화는 한국의 이미지를 상징한다. 이러한 상징은 서양에서도 많이 볼 수 있는데, 그리스 신전의 월계수가 신의 속성을 나타내는 상징으로 내려오고 있다. 상징성은 꽃말과 다른 공통 인식으로, 문화권이 다르면 의미하는 것도 달라진다.

꽃의 조형에서 쉬운 예로 장미를 들 수 있다. 꽃잎이 붉고 향기가 좋은 장미는 오래전부터 사랑의 이미지가 되어 왔다. 이와 같이 꽃의 이미지를 만드는 경우 상징성은 매우 중요한 요소가 된다.

식물의 존재감과 높낮이Staffelung 작용

존재감이 큰 꽃은 존재감이 작은 꽃보다 높은 위치에 꽂는다. 꽃봉오리, 색이 연한 꽃도 마찬가지로 높은 위치에 배치하며, 활짝 피었거나 색이 짙은 꽃은 낮은 위치에 배치한다. 꽃의 높낮이를 이용하여 제작된 작품은 한층 자연적으로 표현된다.

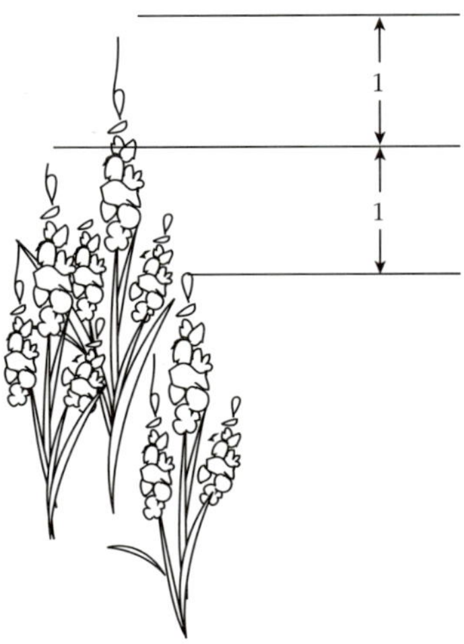

간격 1 : 1

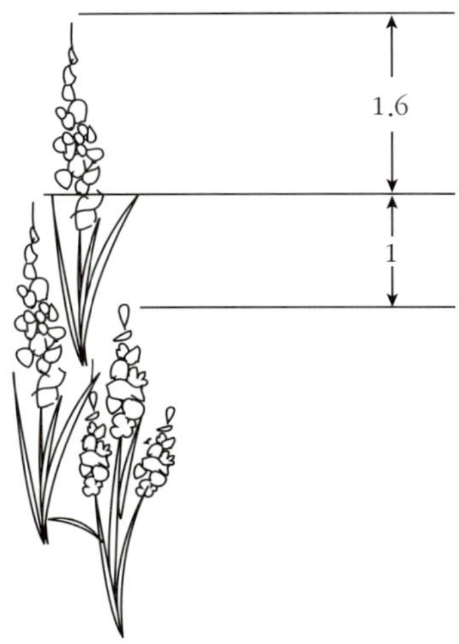

간격 1 : 1.6

옆의 그림처럼 식물과 식물의 간격이 일정할 때의 꽃의 높낮이는 1 : 1로 장식적인 느낌을 주며, 식물의 간격이 자연적인 비율, 즉 황금 비율로 배열되어 있을 때에는 1 : 1.6의 아름다운 높낮이로서 더욱 식생적인 느낌을 준다.

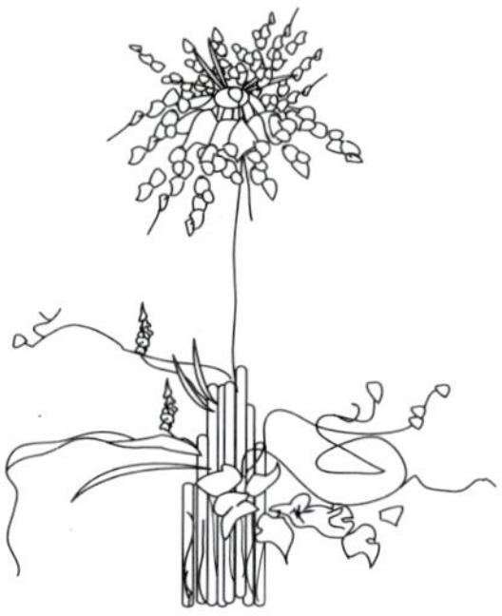

위의 그림은 식물의 높낮이를 적용하여 제작한 꽃다발로서 식물 각각의 개성과 특징을 좀 더 쉽게 느낄 수 있다.

생장점Wachstumspunkt의 의미

식물의 잎과 꽃의 줄기는 하나의 점에서 출발한다. 이러한 모양은 모든 줄기가 하나의 점에 모이도록 꽂은 어레인지먼트에도 재현할 수 있다. 이 구조는 표현을 명확하게 하고 줄기가 불규칙적으로 구성되는 것을 막는 역할을 한다. 생장점은 생육 또는 동작의 중심점이기도 하다.

일생장점

생장점이라는 말은 1950년대에 독일의 플로리스틱 이론에 등장하였다. 그 기반은 개개의 조형의 출발점이라는 새로운 자연의 발견이었다. 튤립의 모든 선은 생장점이 있는 구근에 모여 있다. 생장점은 보통 화기의 중심 속에 하나의 점으로 존재하거나 화기보다 낮은 쪽에 상상의 생장점Imaginaerer punkt으로 존재한다. 상상의 생장점 작품은 일생장점 작품보다 자연적으로 표현된다. 생장점에서 출발한 꽃은 자연의 아름다움을 표출한다. 자연에 가장 가까운 형태로서, 1950년대에 만들어진 작품(생장점에서 출발한 세 그룹으로 나누어진 아심메트리 어레인지먼트)이 있다. 당시에는 장식적인 작품밖에 없었기 때문에 플로리스트들의 눈에 자연적으로 보였다고 한다. 현재는 일생장점의 아심메트리 작품을 많은 곳에서 볼 수 있다. 일생장점의 작품은 방사성 배치법이라고 말할 수 있는데, 교차성 배치법도 가능하다.

복수 생장점

비례Proportion

작품을 제작할 때에는 비례를 고려해야 하는데, 가장 큰 목적은 조화를 이루기 위해서이다. 어레인지먼트의 경우 화기와 어레인지먼트의 비례를 보통 1 : 2로 제작하면 된다. 이때 꽃의 형태와 색, 화기의 형태와 색에 따라 비례가 달라질 수 있다는 점을 주의해야 한다.

작품 제작 시 비율을 자로 재듯이 정확히 할 필요는 없다. 각자의 시각적인 느낌과 경험으로 수치를 계산하면 된다.

그룹Die Gruppe

Gruppierung(한데 모으다) 그룹이란 작은 부분들이 모여서 하나의 큰 무리가 되었을 때를 말한다. 하나의 부분은 그룹이라고 말할 수 없으며, 적어도 하나의 공통을 이루었을 때 그룹으로 볼 수 있다.

	한 조각(Einzelform)	그룹(Gruppe)
	꽃잎 한 장	꽃 한 송이
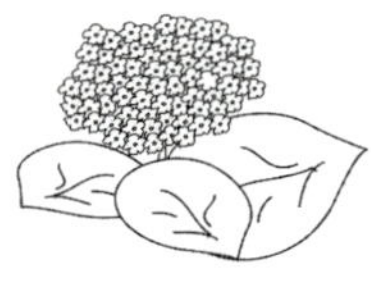	꽃 한 송이	수국 한 송이
	수국 한 송이	화분 전체

바닥 처리Basis의 구성

(오아시스가 보이지 않도록 처리하는 부분)

바지스(기초)는 시각적인 기점이다. 자연 속의 지면처럼 생각하고 처리하면 된다. 화기에 꽃을 꽂아서 제작할 경우 흔히 플로랄폼(오아시스)을 사용하게 되는데, 플로랄폼은 자연적인 소재가 아니므로 식물적인 소재에 다른 이미지를 제공할 여지가 있다. 그래서 플로랄폼이 보이지 않도록 처리해야 한다. 작은 꽃이나 식물 등을 이용하여 처리하는 방법도 있지만 돌, 자갈, 모래, 나뭇가지, 나무껍질, 흙 등의 비생물적인 재료를 이용하여 자연적으로 연출하기도 한다.

배치법—조형의 기본 개념

플라워 디자인의 역사를 되돌아보면, 금세기 초까지는 심메트리, 즉 엄밀한 규칙에 속하는 배치법이 우위를 차지하고 있음을 알 수 있다. 아심메트리 또는 자연적 배치법은 1921년 J. Olbertz가 『꽃을 묶는 기술』에서 실내 장식과 관련해 처음으로 소개하였다. 주로 실내에 장식했기 때문에 꽃다발들의 그룹에 대해서만 진술하고 있다.

아심메트리 조형 형태의 발전에 관해서 바우하우스의 예술가들은 아심메트리에서 발전된 많은 지식들이 창조적인 플라워 디자인을 하는 데 결정적인 역할을 할 것이라고 보았다. 그리고 사회 구조의 변화와 다양성, 개성 등으로 인하여 많은 부분에서 아심메트리가 발전, 이용되고 있다.

배치법이란?

균형이 잡힌 조형 작품의 의도에는 배치의 질서가 있다. 소재 배치 시 그룹으로 완성할 때 균형을 만들어 내는 것이 중요하다. 배치의 질서는 일종의 규칙에 속한다.

배치법은 심메트리와 아심메트리로 나뉘게 되는데, 이들은 서로 대조적인 특징을 가지고 있다. 또한 한 작품 속에 심메트리와 아심메트리를 동시에 이용할 수 없으며, 반드시 하나의 배치법을 적용해야 한다.

플로리스틱에서 배치법은 오른쪽의 도식과 같이 이루어져 있다. 도식에 나타나 있듯이 심메트리를 결정할 때, 단순히 일의 장소를 정하는 것뿐만 아니라 디자인 소재의 선택 등 모든 부분을 고려해야 한다.

'엄밀한 배치법'은 어디에서 봐도 알기 쉬우며 단순한 미의 조화를 표현한다. 이 조화는 소재의 효과와 전혀 다른 법칙이 적용되어 명확한 표현이 된다. 이 배열법은 중심 포인트에서 출발하여 암시적인 힘, 또는 존경, 엄밀함, 딱딱한 느낌을 받을 수 있다. 예를 들어, 교회와 같은 건축물은 엄격하고 정형적인 배열 질서가 필요하다. 이런 정형적인 교회 장식을 할 때 심메트리의 디자인을 적용할 수 있다.

Moritz Evers는 1954년 *Werkformen der Blumenbinderei*에서 엄밀한 경직 상태에 대해, "이 자유의 배치법에는 '움직임'이 큰 특징을 가지고 있다"고 하였다. 자유로운 배치란 자연의 원칙에서 생각하고 당연한 결과로서 자유로운 그룹법이 자연의 다양성에 관계하여 고귀한 형태를 표현하는 것이 된다.

DIE GRAMMATIK DER GESTALTUNG

(조형의 법칙)

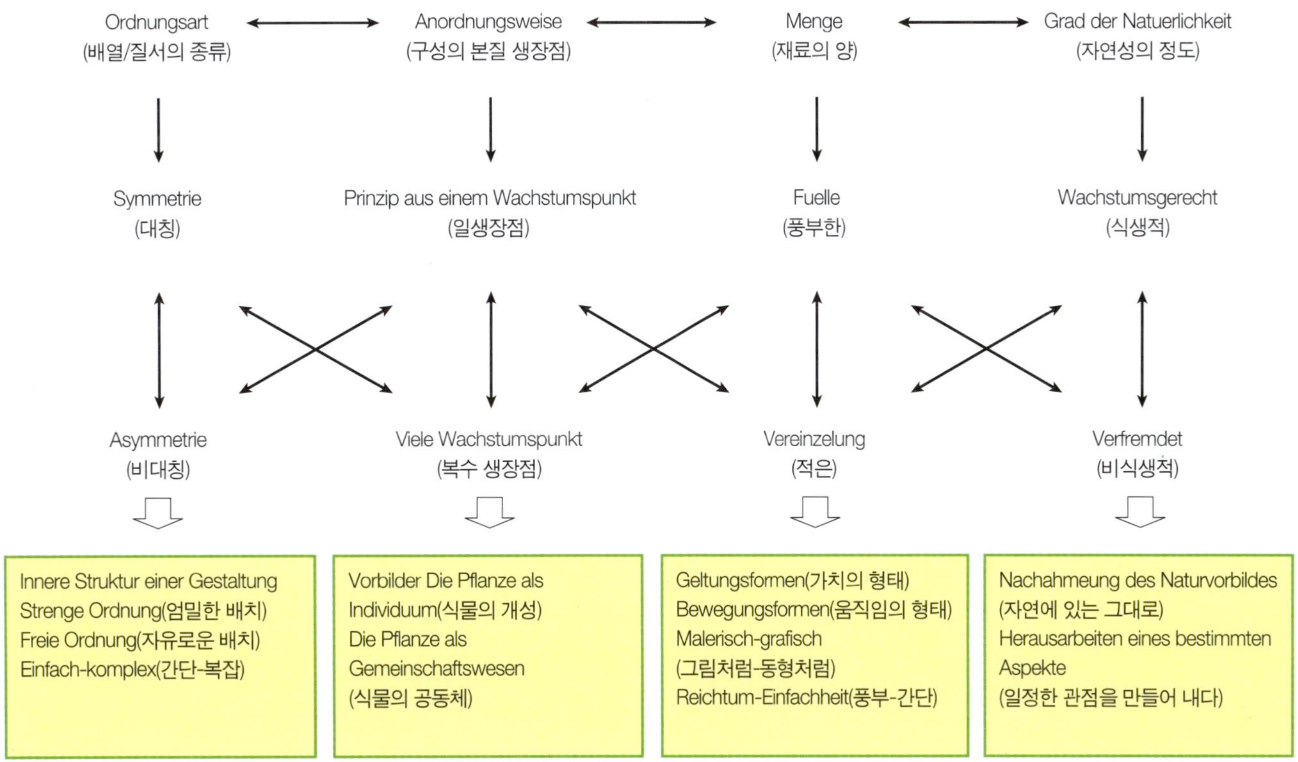

심메트리와 아심메트리의 비교

배치법		
	심메트리(대칭) (엄밀한 배열 질서)	아심메트리(비대칭) (자유로운 배열 질서)
특징	하나의 그룹으로 형성된 좌우 대칭 엄격하다, 지배적이다, 강제적이다 정적이다 자연적인 분위기가 없다 습득이 용이하다 중심축이 중앙에 있다 장식적 디자인	세 그룹으로 형성된 비대칭 Hauptgruppe, Nebengruppe, Gegengruppe 자유롭다, 느슨하다, 활발하다 동적이다 자연적이다 습득하기까지 많은 연습이 필요하다 중심축이 중앙에서 한쪽으로 기울어 있다 식생적 디자인(자연의 형태, 선)을 강조하는 형태가 많다. 물론 식생적 디자인 또한 장식적으로 보인다.
	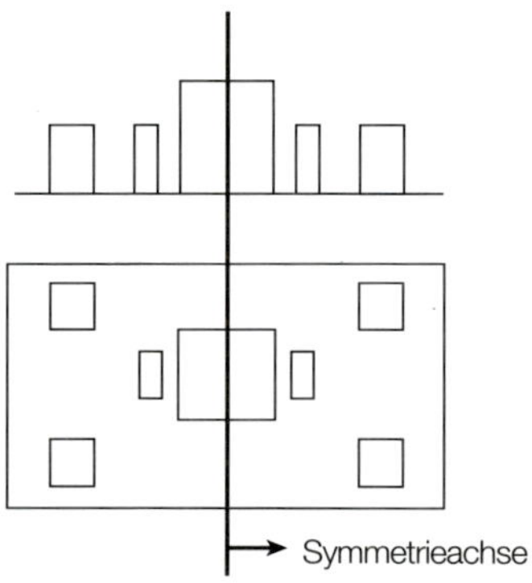	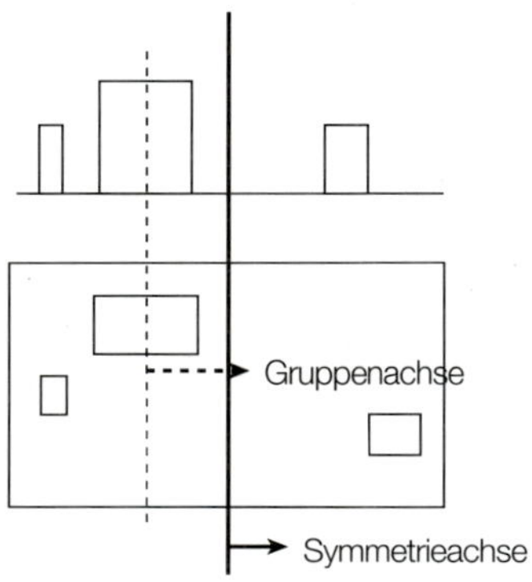
	Anwendung(적용) • 상징성이 강한 작품을 제작할 때 예 Kranzkoerper(리스 머리 부분), Kreuz(십자가) • 심메트리 공간을 장식할 때	Anwendung(적용) • 아심메트리 공간을 장식할 때 • 아심메트리 슈트라우스, Gesteck(어레인지먼트)를 제작할 때

배치법		
	심메트리(대칭) (엄밀한 배열 질서)	아심메트리(비대칭) (자유로운 배열 질서)

Bewegungsform(움직임의 형태)

Symbol (상징)	Aktivitätsgrad (활동 정도)	Bewegung (움직임)	Pflanzenbeispiel (식물의 예)
	Aktiv(능동적)	aufstrebend	에레무루스, 산세비에리아, 글라디올러스
		ausschwingend (einseitig)	팔레놉시스(호접란), 덴파레, 프리지어
		entfaltend (allseitig)	아마릴리스, 알리움, 아이리스, 파피오페딜룸, 백합
		Gering entfaltend	장미, 카네이션, 거베라, 진니아
		einseitig	앤슈리엄, 극락조화, 은방울꽃
		allseitig	유카, 아마브선인장
	Passiv(수동적)	abfliessend	아이비, 포도덩굴
		spielend	클레마티스, 고수버들, 부겐빌레아
		brüchig	피라칸서스, 가시나무
		lagernd	이끼류

Anordnung der Bewegungsformen im Rundgebundenen Strauss

(원형 심메트리 슈트라우스의 움직임 형태의 구성)

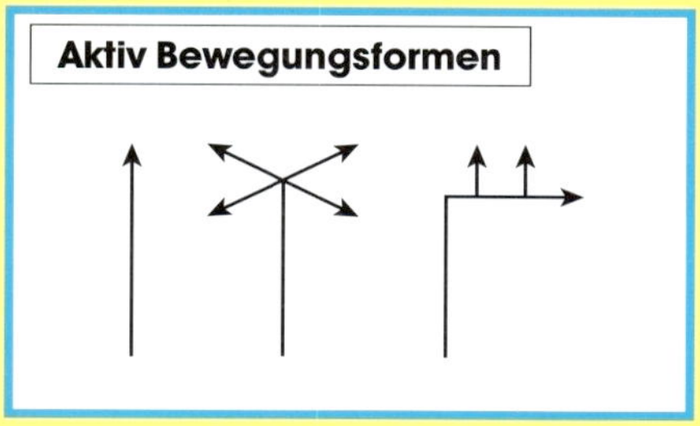

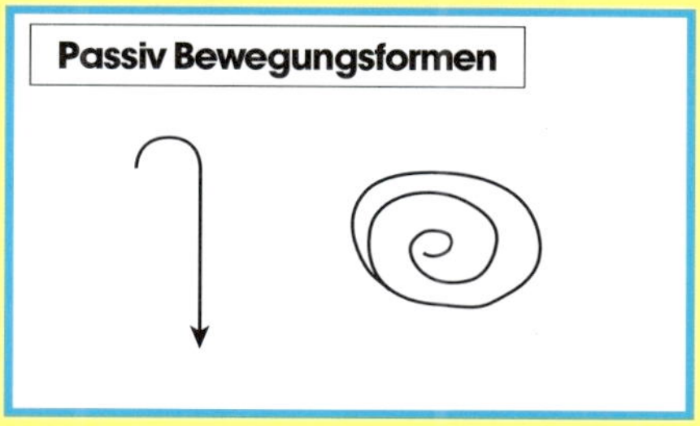

Zeichnen sie Passende Bewegungsformen in die umrissformen!

(아래의 이미지에 Bewegungsformen을 그려 넣으시오.)

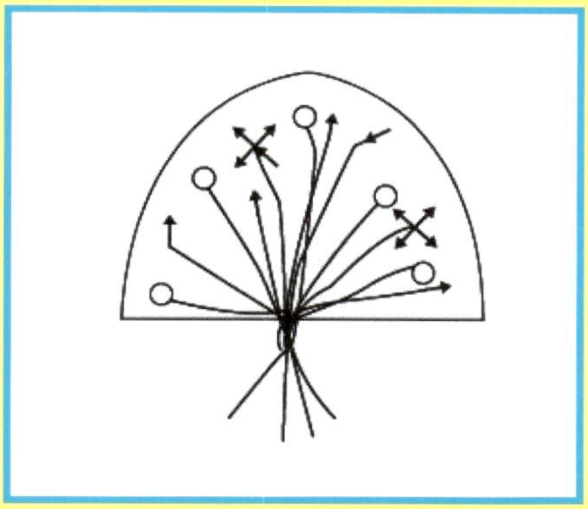

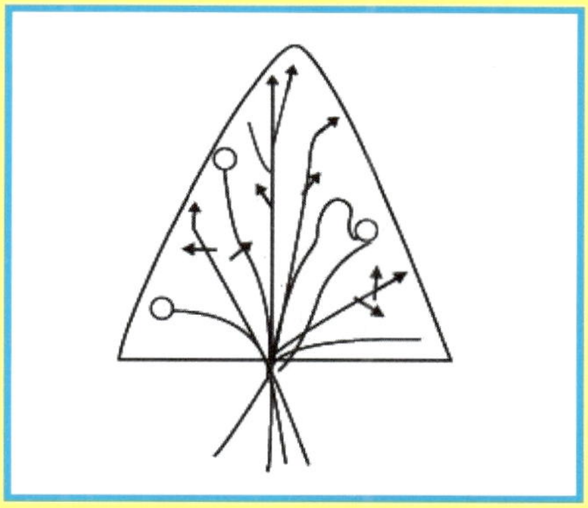

주의_밝은 색의 꽃은 항상 위쪽에 배치하고 어두운 색의 꽃은 아래쪽에 배치한다.

Aktiv Bewegungsform은 위쪽에 배치하여 중심 모티프로 이용한다.

Passiv Bewegungsform은 아래쪽에 배치하여 베이스로 많이 이용한다.

Strauss
꽃다발

꽃다발은 꽃으로 만든 다발을 의미한다. 유럽의 플라워숍에서 가장 많이 제작하는 상품이며, 플라워 디자인에서 가장 어려운 제작 테크닉이다.
꽃다발은 일반적으로 묶는 곳Bindestelle이 한 곳이지만, 여러 개인 경우도 있다.
꽃다발의 테크닉은 나선형Spiralig과 평행Parallel 두 가지로 나뉘는데, 나선형으로 제작하면 꽃들이 퍼지게 되어 풍성하고 안정감이 있으며 다른 것의 도움 없이도 혼자 설 수 있는 장점이 있다. 반면에 파랄렐은 꽃의 아름다운 줄기, 또는 폼 플라워처럼 개성이 있는 꽃들을 조합해서 제작할 때 선택하는 테크닉으로, 안정감은 부족하지만 장식적인 효과가 매우 크다. 특히 묶는 곳이 두 군데 이상으로 되어 있는 것이 특징이다.

슈트라우스는 어레인지먼트와 달리 제작 전에 모든 식물적인 재료들을 작업대에 정리 정돈한 후에 작업을 시작해야 한다. 제작할 때 한 손은 항상 다발을 잡고 있으므로 제작 도중에 재료가 부족하게 되면 다른 손으로 재료를 정리해야 하는데, 이로 인하여 슈트라우스의 형태가 흐트러질 수 있기 때문이다.

슈트라우스 제작 시 고려해야 할 점

1 Anlass(원인, 동기, 테마)에 맞게 제작해야 한다. 예 사계절, 유행, 생일 선물
2 식물 각각의 개성을 살려 색채학적, 조형학적으로 Punkt(점), Linie(선), Textur(질감), Form(형태), 식물의 Duft(향기)까지도 고려하여 제작한다.
3 Proportion(비례), Umriss(윤곽), Freiraum(자유 공간), Straffellung(높낮이), Gruppierung(그룹)을 개성적으로 고려한다.
4 Strauss(꽃다발)와 Gefaess(화기)를 고려한다.
5 꽃이 가지고 있는 Symbolkraft(상징)를 고려한다.
6 Technik(제작 테크닉)를 결정한다.
7 Pris(가격)를 고려한다.

Die Straussformen(꽃다발의 형태)

인간의 다양한 욕구와 플로리스트의 꽃에 대한 가치 추구를 위해서 꽃다발에도 여러 가지 조형이 필요하다. 그로 인하여 서로 구별되는 다양한 형태의 꽃다발이 발전하게 되었다.
꽃다발의 형태는 배열의 종류에 따라 심메트리 슈트라우스(대칭 꽃다발)와 아심메트리 슈트라우스(비대칭 꽃다발)로 나뉜다.

Symmetrische Strauss(대칭 꽃다발)

이 꽃다발은 기본적으로 위에서 볼 때 원형의 형태를 띤다.

Biedermeier Strauss(비더마이어 꽃다발)는 19세기에 많이 제작되었다. 이 시대에는 사실적이며 극단적으로 간소하고 실용적인 것을 지향하여 간편하게 무언가를 제작하는 것이 유행이었다. 이러한 유행에 따라 이 시대의 꽃다발은 둥글고, 촘촘하며, 그다지 크지 않았고, 유럽의 전 지역에서 유행하기 시작하였다. 이 꽃다발은 많은 공간이 필요 없으며, 이동이 간편하고 직접 꽃병에 꽂아 장식하기 쉽다는 장점이 있다.
꽃은 대개 장미, 카네이션, 해바라기, 달리아, 라눙쿨루스, 프리뮬러, 작약 등 중간 크기의 둥근 꽃들을 이용하였으며, 꽃과 식물의 종류에 따라 다양한 형태로 발전되었다.

Der Kuppelfoermige Strauss(반구형의 꽃다발)는 기본적으로 서로 다른 색과 구조에 따라 효과가 달라진다. 키가 작은 꽃들을 이용하는 경우 Kompakt한(촘촘한) 형태의 꽃다발로 제작되며, 평면적인 데다가 꽃들이 서로 마주 보는 형태여서 답답한 느낌을 준다.

Die aufgelockerte Form des Rundgebundenen Strauss(공간이 있는 형태의 둥근 꽃다발)는 각각의 꽃들이 지닌 개성과 특징을 표현할 수 있다. 이 꽃다발의 경우는 서로 다른 Bewegungsform(움직임의 형태), Farben(색), Struktur(구조)를 선택하여 꽃다발 속에 여러 그룹이 있는 것처럼 제작한다. Gruppierung(그룹)과 Staffelung(높낮이)을 통해서 식물과 꽃의 사이가 자연스럽게 자유로운 공간으로 표현된다. 이 경우 꽃의 시각적 효과는 촘촘하게 제작된 Biedermeier Strauss보다 훨씬 크다.

17세기의 꽃다발

Biedermeier Strauss

Symmetrische Strauss

Rundgebundenen Strauss

Asymmetrische Strauss(비대칭 꽃다발)

기본적으로 세 그룹(Hauptgruppe, Nebengruppe, Gegengruppe)으로 형성되며, 비대칭을 전제 조건으로 요구한다. 선물용으로 제작되기보다는 다양한 공간을 위한 공간 장식의 요소로 사용된다.

Der ueppige, gruppierte Strauss

Der ueppige, gruppierte Strauss(풍성하고, 그룹으로 제작된 꽃다발)에서 장식 효과를 좀 더 표현하려고 할 때에는 꽃을 종류나 색에 맞추어 그룹을 지어서 제작하면 된다.
Geltung(가치)과 Form(형태)을 적용한 각각의 그룹은 가볍고 느슨한 효과를 가지는 꽃다발이거나 촘촘한 형태의 꽃다발로 적용된다.
느슨하게 그룹을 지어서 제작된 꽃다발의 경우 재료의 특징을 고려하여 제작해야 한다. 이때 주의할 점은 Bewegungsform(움직임의 형태), Farben(색), Struktur(구조)를 고려해야 한다.
꽃, 잎, 나뭇가지를 함께 장식할 경우 꽃의 선택은 기본적인 조형의 주제가 되어야 한다. 특히 관상의 관점에서 꽃을 표현할 때 초원의 꽃과 풀들은 자연적인 사회를 보여 준다. 꽃다발을 완성할 때 줄기를 꽉 조여서 묶게 되는데, 이때 줄기는 시각적 정지를 의미한다. 테크닉은 나선형으로 배치하여 꽃들이 서로 붙지 않도록 하며, 바닥에 놓았을 때 혼자 지탱할 수 있도록 줄기와 Bindestelle(묶는 곳) 윗부분과 아랫부분의 Proportion(비례)을 고려해야 한다.

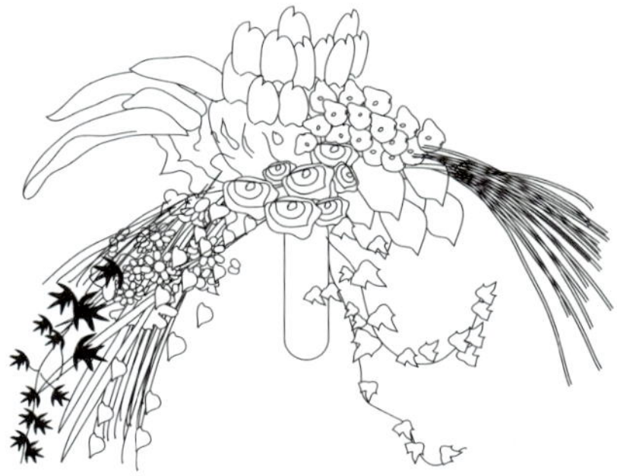

Struktur Strauss

Struktur Strauss(구조적 꽃다발)는 Farben(색), Oberflaechen struktur(질감)를 기본적으로 표현한다. 꽃과 다른 재료들은 서로 다른 높낮이로 제작하여 평면적인 구조를 표현하게 되는데 이때 비자연적인 소재, 즉 실, 양털, 섬유 등의 색과 느낌이 나타나도록 제작하여 자연적인 꽃다발보다 강한 강조를 표현한다.

Graphisch-linearer Strauss

Graphisch-linearer Strauss(도형적인 선을 강조한 꽃다발) 제작 시 중요한 점은 꽃의 선택에 달려 있다. 가치가 큰 꽃, 즉 글라디올러스, 칼라, 앤슈리엄, 아마릴리스 등을 주 모티프로 선택하여 꽃들의 개성이 잘 나타나도록 표현한다. 도형적인 선을 강조한 꽃다발은 전형적인 비대칭 꽃다발로서, 각각의 꽃이 지닌 개성과 특징을 표현하고자 할 때나 넓은 공간을 장식할 때 주로 제작한다. 키가 크므로 화기는 높고 길쭉한 것을 사용하는 것이 좋다.

Parallel-Strauss(평행 꽃다발)

평행 꽃다발은 식물의 줄기를 평행으로 배열하여 넓은 화기에 줄기가 잘 보이도록 장식하는 꽃다발이다. 보통 가치가 큰 식물을 이용하는데, 칼라, 앤슈리엄, 튤립, 아가판투스, 아마릴리스 등의 꽃들이 중심 모티프로 이용된다.

이 꽃들은 각각 독특한 개성과 특징을 가지고 있으며, 특히 줄기의 질감이 매끄럽고 유연성이 있다. 이때 주의할 점은 줄기가 두껍기 때문에 많은 양을 함께 사용하는 것보다 나뭇가지를 이용해 공간을 확보하고, 몇 송이의 꽃으로 개성을 표현하는 것이 중요하다.

모든 식물 요소는 평행으로 배열되어 있으면서 서로 유기적인 공간을 확보한다. 줄기가 유난히 길기 때문에 안정성을 확보하기 위해 Bindestelle(묶는 곳)를 두 곳에 두는 경우가 일반적이다. 또한 작품의 높이가 일반적인 꽃다발보다 높기 때문에 넓고 큰 화기를 이용해 작품과 화기의 Proportion(비례)이 잘 조화되도록 한다.

줄기의 아름다움을 표현하기 위해 제작된 꽃다발인만큼 화기는 꽃병 대신에 접시처럼 넓은 것을 사용하여 줄기가 잘 보이도록 한다.

평행 꽃다발은 질서에서 심메트리와 아심메트리로 제작할 수 있으며, 선물용보다는 거실이나 회사처럼 많은 사람이 모이는 장소에 화기와 함께 장식적인 목적으로 이용된다.

Stehe-Strauss(세울 수 있는 꽃다발)

Stehe-Strauss

슈테헤 슈트라우스는 구조물의 도움을 받지 않고 스스로 지탱하여 설 수 있는 꽃다발을 말한다. 이때 꽃다발을 묶는 기술로 Spiralig(나선형)와 Parallel(평행) 둘 다 이용할 수 있는데, 평행보다는 나선형의 꽃다발이 안정감 있게 장식할 수 있는 장점이 있다.

화기의 선택은 이 꽃다발의 특징을 고려하여 도자기 종류보다는 밑이 잘 보이는 접시형의 화기를 이용해 꽃다발의 모든 부분을 감상할 수 있도록 한다.

Geruest-Strauss(구조물을 이용한 꽃다발)

Geruest-Strauss

자연적인 소재와 비자연적인 소재를 이용해 하나의 구조물을 제작하여, 구조물과 식물이 조화를 이룰 수 있도록 배치하여 꽃다발을 제작하는 형태이다. 유럽에서 흔히 볼 수 있는 꽃다발로, 장식적인 면이 강하고 다양한 꽃을 한 다발 속에 장식할 때 사용하는 기법이다.

Geruest-Strauss는 구조물을 제작해야 하므로 일반적인 꽃다발보다 시간은 더 걸리지만 구조물이 꽃을 지탱해 주는 역할을 하기 때문에 일반적인 꽃다발보다 제작하기 쉬우며, 좀 더 기교를 부려 다양한 형태로 제작할 수 있다는 장점이 있다.

Technik(제작 방법)

꽃다발 제작 방법은 Spiralig(나선형)와 Parallel(평행) 두 가지가 있다.

Die Bindetechniken(줄기를 모으는 방법)

꽃다발을 묶는 방법은 기본적으로 세 가지가 있다.

❶ ❷ ❸

① 줄기를 사선으로 배치하여 중앙을 풀리지 않도록 묶는다. 이때 묶는 부분이 너무 넓지 않아야 하며, 이동할 때 꽃다발의 형태가 변형되지 않도록 끈을 꽉 묶는 것이 중요하다. 꽃다발을 안정적으로 세울 수 있다는 것이 장점이다.

② 줄기를 파랄렐로 배치하고 약간 위쪽에 끈을 묶는다. 줄기의 아름다움을 표현하는 데 자주 쓰인다. 이때 줄기의 폭은 좁은 게 특징이다.

③ 줄기를 파랄렐로 배치하고 묶는다. 손잡이 부분의 줄기가 느슨해지지 않도록 위쪽에서 아래쪽으로 한 번 더 감아 준다. 부케처럼 이동을 목적으로 할 때 사용하며 줄기가 따로 놀지 않도록 묶어 주어야 한다.

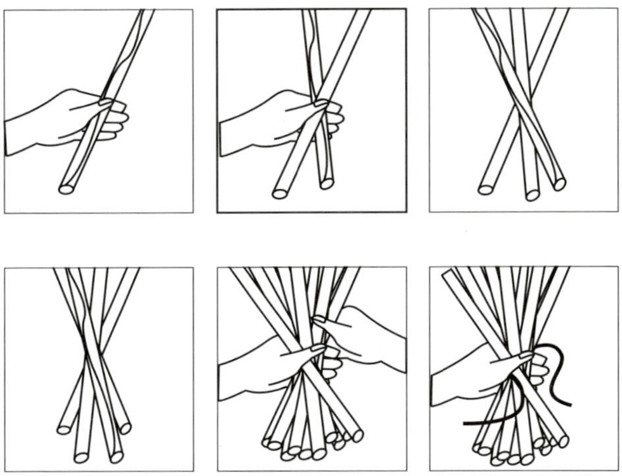

Spiralig(나선형) 꽃다발 잡는 방법

꽃다발을 묶는 재료는 라피아처럼 부드러운 소재를 사용해야 한다. 특히 와이어를 이용하는 플로리스트도 있지만 식물의 줄기가 연하기 때문에 와이어로 Bindestelle를 꽉 조이면 잘리는 경우가 있다. 이로 인하여 꽃다발의 물올림이 불가능해질 수 있다.

Straussbinde-Techniken(꽃다발 묶는 기술)

Spiralig(나선형)	Parallel(평행)
⇩	⇩
풍부하게 장식할 수 있다	줄기가 좁다
율동성이 있다	딱딱하다
폭이 넓다	부자연스럽다
공간성이 있다	일직선이다
활기차다	공간성이 부족하다
안전하다	안정감이 없다

Straussform(꽃다발 형태)

Technikwahl(테크닉 선택)

- 여러 종류의 꽃을 섞어 만든 꽃다발
- 심메트리 슈트라우스
- 선물용 슈트라우스
- Biedermeier Strauss

- 가치가 큰 꽃
- 고귀한 꽃을 표현할 때
- Braut Strauss(부케)
- 공간 장식

Qualitaetsmerkmale beim rundgebundenen-gestaffelten Strauss(심메트리 슈트라우스 제작 시 고려할 점)

Technische Anforderungen(테크닉 요구)

Haltbarkeit(물 관리)

Blumenauswahl(식물 선택) : 신선한 꽃을 준비한다. 활짝 핀 꽃은 피한다.

시장에서 구입한 꽃은 하루 전에 사선으로 잘라 물에 담가 둔다.

완성된 꽃다발은 줄기를 하나하나 사선으로 잘라 물이 가득 담긴 화기에 넣어 준비한다.

Sauberkeit(깔끔한 마무리 처리)

Blumen(꽃) : 장미과 식물은 가시를 제거한다. 잎은 위쪽에 몇 개만 남기고 모두 제거한다.

줄기를 깨끗이 정리한다.

나뭇가지를 이용하려면 매듭을 깨끗이 제거한다.

Festigkeit(다발을 묶는 정도)

꽃들이 움직이지 않도록 줄기와 줄기 사이에 공간이 없도록 한다.

Bindestelle(묶는 곳)는 풀리지 않도록 정확히 묶는다.

묶을 때는 라피아처럼 매끄러운 끈으로 줄기가 망가지지 않도록 묶는다.

Gestalterische Anforderung(조형학적 요구)

- Ordnungsart(질서의 종류) : Symmetrie 또는 Asymmetrie
- Proportionen(비례)

  Stiellaemge(줄기 길이) : Blumenlaenge(꽃 길이) = 1 : 2

  Strausslaenge(꽃다발 길이) : Straussbreite(꽃다발 폭) = 1 : 1
- Geltungsformen(가치의 형태) : Geltung(가치)이 큰 식물은 위쪽에, 가치가 작은 식물은 아래쪽에 장식한다
- Bewegungsformen(움직임의 형태) : Aktiv(능동적) 또는 Passiv(수동적)
- Farben(색) : 밝은 색의 꽃은 위쪽에, 어두운 색의 꽃은 아래쪽에 장식한다.

Der rundgebundenen-gestaffelten Strauss
(높낮이를 이용한 심메트리 슈트라우스)

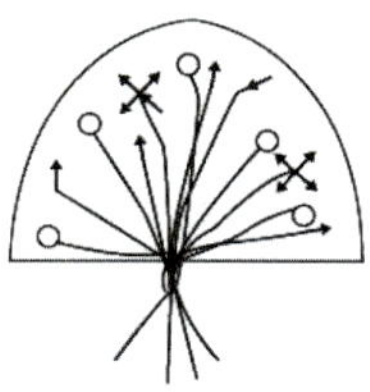

①

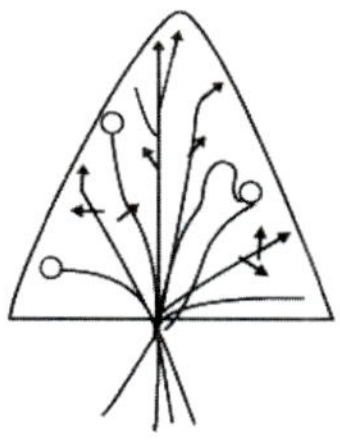

②

Umrissformen(꽃다발 윤곽)

① Strausshoehe(꽃다발 높이) : Straussbreite(꽃다발 폭) = 1 : 1

② Strausshoehe(꽃다발 높이) : Straussbreite(꽃다발 폭) = 2 : 1

아래의 꽃다발을 분석하고 가치의 형태에 맞게 색칠하시오.

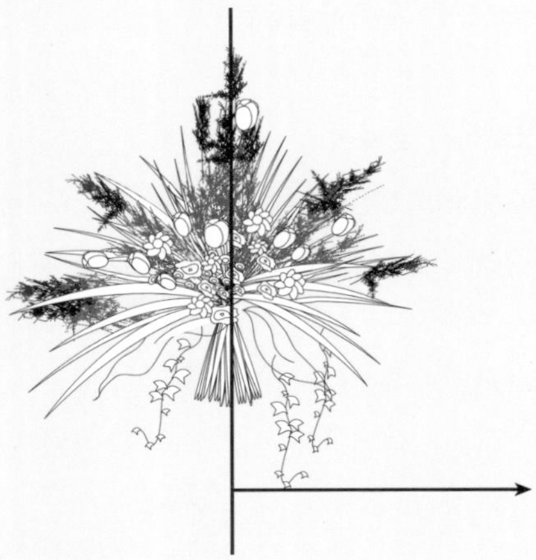

1 Ordungsart(질서의 종류) : Symmetrie

2 Bindetechnik(줄기를 모으는 방법) : Spiralig

3 위의 그림에 Symmetrieachse(대칭축)를 표시하시오.

4 Geltungsform(가치의 형태)을 아래의 지시대로 위의 그림에 색칠하시오.

- Grosse Geltung(큰 가치) : 빨강
- Mittelere Geltung(중간 가치) : 파랑
- Geringe Geltung(작은 가치) : 노랑

5 Aktiv(능동적), Passiv(수동적) 식물을 위의 꽃다발에 색칠하시오.

6 Proportion(비례)의 수치를 괄호 안에 채워 넣으시오.

- Stiellaemge(줄기 길이) : Blumenlaenge(꽃 길이) = (1) : (2)
- Strausslaenge(꽃다발 길이) : Straussbreite(꽃다발 폭) = (1) : (1)

Binden eines Strausses

Der einfache Strauss(간단한 꽃다발)

반구형의 형태이며, 한 종류의 꽃, 같은 길이, 같은 높이로 규칙적으로 배치하여 제작된 꽃다발이다. 기하학적이며 좌우 대칭인 심메트리 슈트라우스로서 딱딱하고 답답한 분위기를 느낄 수 있다.

Der rundgebundene gestaffelte Strauss

한 종류의 꽃을 서로 다른 길이로 잘라 제작한 꽃다발로서, Staffelung(높낮이)을 염두에 두고 제작한 꽃다발이다. 꽃다발 안에 작지만 자연스러운 공간들을 가지고 있으며 위쪽의 꽃다발보다 자연스러움을 느낄 수 있다.

Der rundgebundene gestaffelte Strauss

많은 종류의 꽃을 사용하여 풍성하게 제작한 꽃다발로서, 서로 다른 형태의 꽃과 높낮이, 꽃의 크기를 고려하고 Aktiv-Passiv Bewegungsform을 가진 꽃들이 조합된 Vegetativ(식생적) 꽃다발이다. 전형적인 독일식 꽃다발이다.

Anforderungen an einen Brautstrauss(신부화 제작 시 고려할 사항)

주의_신부화는 신부를 위해서 특별히 제작하는 것이므로 모든 초점을 신부에 맞추어 제작해야 한다.

Die Wahl der Blumen ist abhängig von(꽃을 선택할 때 고려할 사항)

- 신부의 키
- 드레스의 스타일과 종류, 예식장의 유형
- 드레스 천의 종류, 재질감
- 질서의 종류(심메트리/아심메트리)
- 신부가 좋아하는 꽃

Die Wahl der Farben ist abhängig von(색을 선택할 때 고려할 사항)

- 신부의 신체적인 색(머리카락 색, 눈의 색, 피부색, 메이크업 등)
- 드레스의 색, 또는 드레스의 본질/특징(우아한, 전통적인, 청순한 등)
- 신부가 좋아하는 색

Die Formgebung des Strausses ist abhängig von (부케의 모양을 선택할 때 고려할 사항)

- 신부의 키를 고려하여 부케와 신부의 키가 조화를 이루도록 한다.
- 드레스에 장식적인 요소가 있으면 그것을 고려하여 부케 모양을 선택한다.
- 드레스의 본질에 따라(여성적인, 활동적인, 극단적인, 화려한)
- 결혼식의 종류

Die technischen Anforderungen sind unabhängig von der Gestaltung (기술적인 요구는 조형에 달려 있지 않다)

- 소재의 질을 고려한다.
- 드레스가 더러워지지 않도록 부케 마무리를 깨끗이 한다.
- 하루 정도는 시들지 않도록 관리를 잘한다.
- 이동할 때 풀어지지 않도록 손잡이 부분을 잘 묶는다.
- 이동이 자유롭도록 너무 무겁거나 크게 제작하지 않는다.

Brautstraussform(신부화의 형태)

Biedermeier Brautstrauss(비더마이어 신부화)

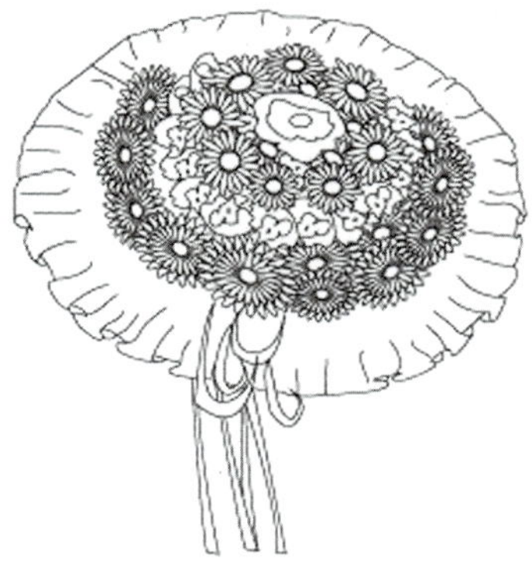

19세기 비더마이어 시대에 탄생한 부케로 특히 프랑스와 영국에서 많이 제작되었다. 그 시대의 유행에 따라 간소하고 실용적인 사상이 반영된 것이 특징이다. 꽃의 줄기나 잎을 사용하지 않고 단순히 예쁜 꽃들을 원래의 형태가 훼손되지 않도록 규칙적으로 아주 촘촘히 배열하여 제작하였다.
전형적인 클래식 스타일로서 대개 꽃이 둥근 매스 플라워 종류(카네이션, 장미, 달리아, 진니아 등)를 사용하였으며, 천이나 리본 등을 이용해 Basis가 보이지 않도록 하면서 장식적인 효과를 고려하였다. Bindetechnik는 Parallel을 이용하여 줄기를 규칙적으로 길게 나열하여 제작하였다.

Glamelie Brautstrauss(글라멜리에 신부화)

글라멜리에는 글라디올러스와 동백의 합성어이다.
오른쪽 그림처럼 글라디올러스의 꽃잎을 하나하나 와이어 작업을 하여 하나의 큰 꽃송이처럼 제작하였다. 그리고 Basis(기초)는 와이어 작업을 한 동백 잎을 꽃받침처럼 처리하여 꽃송이를 안전하게 보호해 주면서 아주 안정적으로 보이도록 하였다. 이후에는 장미, 백합, 카네이션 등을 사용하였고, 동백 잎 대신에 헤데라, 아이비, 호스타, 켈락스 등의 잎을 사용함으로써 다양한 형태로 발전되었다.

Englischer Brautstrauss(영국식 신부화)

영국식 신부화의 가장 큰 특징은 강한 Form(형태)에 있다.
조형학에서 기본적인 폼은 삼각형, 사각형, 원형으로 나뉘는데, 신부화를 제작할 때에는 대개 원형과 삼각형을 응용하였다.
모든 꽃과 식물은 와이어 작업을 했으며, 한 가지 색보다는 여러 가지 색을 표현하여 화려함을 보여 주었다.
영국식 신부화의 탄생으로 와이어링 테크닉이 발전하게 되었으며, 현재 가장 많이 제작하는 신부화이다.

와이어 작업을 했기 때문에 Bindestelle(묶는 곳)가 두껍지 않아 많은 꽃을 사용할 수 있고, 그다지 무겁지 않아 신부에게 부담을 주지 않는다는 장점이 있다. 그리고 와이어 처리의 장점대로 꽃을 자유자재로 구부려 방향을 잡을 수 있기 때문에 폭포형을 아름답고 자연스럽게 연출할 수 있다.

하지만 모든 꽃과 식물을 하나하나 와이어 작업을 해야 하므로 시간이 많이 걸리고, 특히 물 공급을 전혀 할 수 없는 단점 때문에 기온이 높은 여름철에는 물 공급을 하지 않아도 견딜 수 있는 양란과 같은 식물을 사용해야 하는 등 식물 선택의 폭이 좁은 문제점이 있다.

Wasserfall Brautstrauss(폭포형 신부화)

폭포형 신부화는 근대 100년 동안 가장 많이 제작된 신부화로, 줄기가 길고 아름다운 꽃들을 주 모티프로 이용하였다. 특히 덩굴 식물을 이용하여 아름다운 선을 강조하면서 아스파라거스, 아이비 등으로 자연적인 공간을 연출하였다. 그리고 꽃송이가 큰 식물들을 꽃송이가 밑으로 향하게 배열하여 마치 폭포에서 물이 떨어지는 듯한 표현을 하였다.

다양한 테크닉(모스 테크닉, 부케 홀더 테크닉, 와이어링, 나투어스틸 등)을 응용할 수 있는 장점이 있어 식물 각각의 특징과 개성을 풍부하게 표현할 수 있다.

Weihenstepahner Brautstrauss(바이헨슈테판 스타일 신부화)

와이어링, 바티어링 등의 테크닉 처리를 하지 않고 꽃과 식물을 있는 그대로 꽃다발을 제작하는 신부화이다.

인공적으로 재배된 꽃이 아닌 자연 그대로의 동작을 지닌 꽃들을 자연 상태에서 직접 채취하여 식물 각각의 개성이 신부화에 그대로 나타나도록 하는 것이 중요하다. 다양한 Staffelung(높낮이)을 이용하여 세 그룹(Hauptgruppe, Nebengruppe, Gegengruppe)을 적절히 배치함으로써 자연적인 율동을 강조한 신부화이다.

Sonstige Beliebte Bruatstrauss(그 외의 인기 있는 신부화)

Das Arbeitsplatz(작업실)

작업을 시작할 때에는 항상 깨끗이 정리 정돈이 되어 있어야 한다.
칼, 가위, 철사 등은 자주 사용하므로 항상 작업 테이블 가까이에 두고, 테이블은 가능한 한 많은 공간을 확보할 수 있도록 넓은 것을 준비하는 것이 좋다. 살아 있는 식물을 가지고 작업하는 만큼 물은 작업실 가까이 있으면 편리하고, 포장지는 더러워질 수가 있으므로 작업 테이블과 떨어진 곳에 두는 것이 좋다.

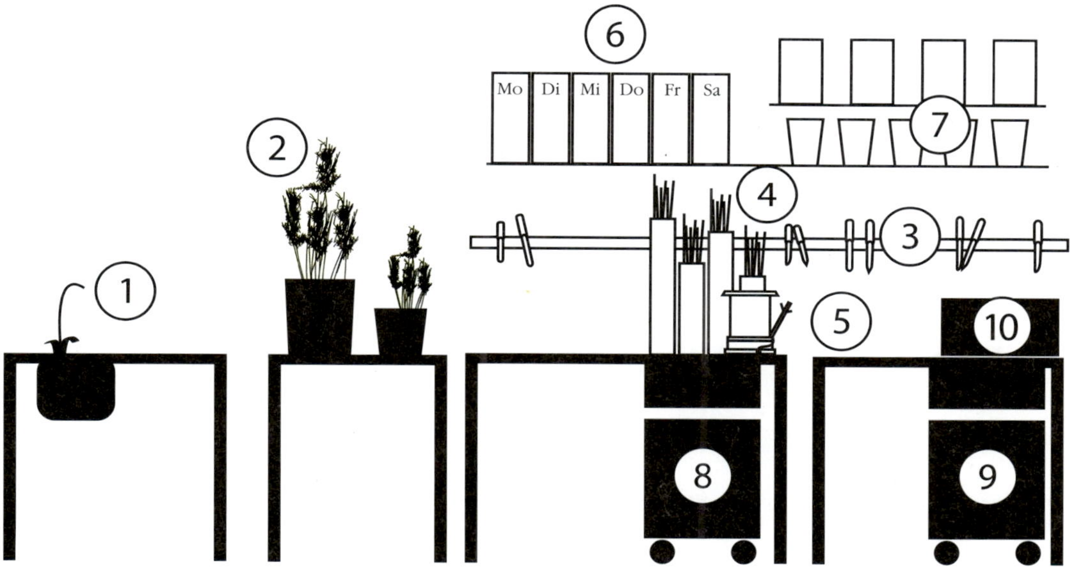

① 싱크대
② 그린
③ 나이프걸이
④ 와이어 통
⑤ 묶는 와이어 통
⑥ 주문서 보관함
⑦ 화기 선반
⑧ 식물 쓰레기통
⑨ 일반 쓰레기통
⑩ 공구 상자

Spezielle Massnahmen zur Frischhaltung(물올림)

절화의 보존법

꽃꽂이나 테이블 장식으로 물을 담은 용기에 꽂은 꽃을 오랫동안 유지하려면 실내 온도 조절과 물올림 방법이 필요하다.

실온은 10°C 전후의 장소가 적당하다. 25~30°C에서는 절화의 소모가 빨라지고, 석유, 가스, 숯불 따위로 직접 난방을 하는 실내에서는 꽃이 오래가지 못한다. 또한 직사광선이 비치거나 강한 바람이 부는 장소는 피하는 것이 좋으며, 가끔 물을 갈아 주는 한편 절구도 다시 잘라서 꽂아 주어야 한다.

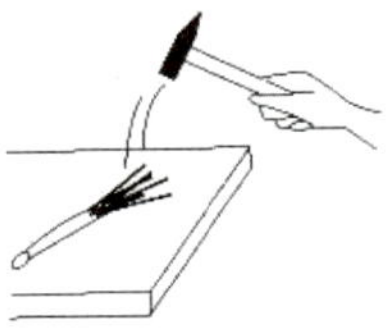

❶ 나뭇가지, 단단한 줄기를 망치로 두드려 물올림을 한다.

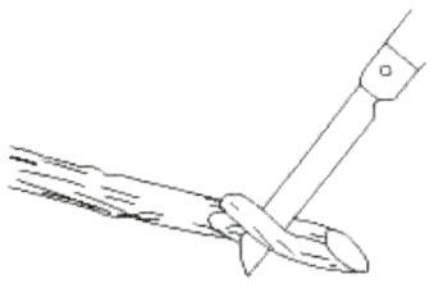

❷ 날카로운 칼로 위에서 아래로 한번에 길게 자른다. 잘린 너비만큼 많은 물을 올릴 수 있다.

❸ 90°C의 물에 약 2초 동안 담그고 나면 물의 침투력이 강해지고 절단면이 소독되므로 박테리아가 죽어 물올림이 좋아진다. 국화, 해바라기처럼 줄기가 굵은 것은 20초 정도 담가 둔다.

❹ 줄기가 굵고 긴 꽃에 적용한다. 공기를 이용할 수 있다.

❺ 시클라멘처럼 줄기가 가는 꽃에 적용한다.

❻ 포피, 유포비아처럼 줄기에서 희고 진한 액체가 나오는 식물에 적용한다. 줄기를 불에 약간 쬔 다음 물올림을 한다.

Arbeitstechniken(제작 테크닉)

와이어를 줄기에 감아서 사용하는 다양한 방법

줄기를 자를 때에는 꽃 칼을 사용하여 한 번에 사선으로 잘라야 한다.

장점 : 자신이 원하는 모양으로 자유자재로 구부릴 수 있다.

단점 : 물 공급이 원활하지 않기 때문에 다육질이 강한 식물에 적합하다.

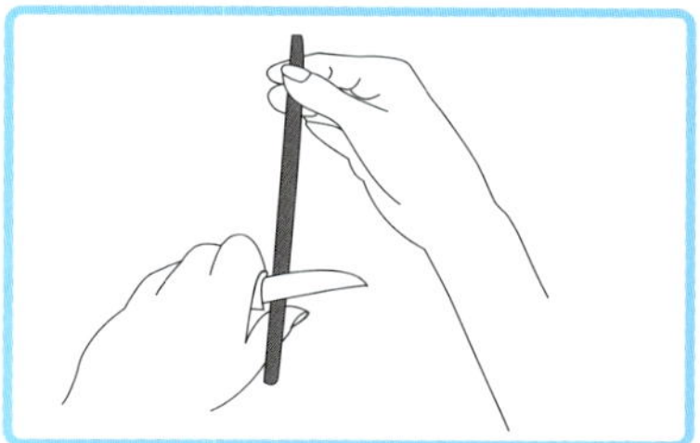

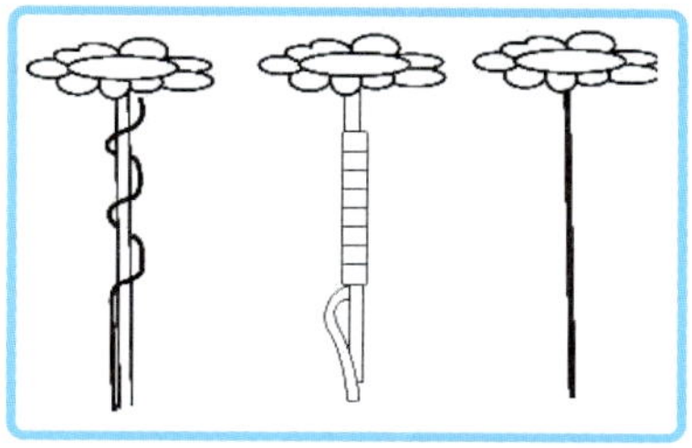

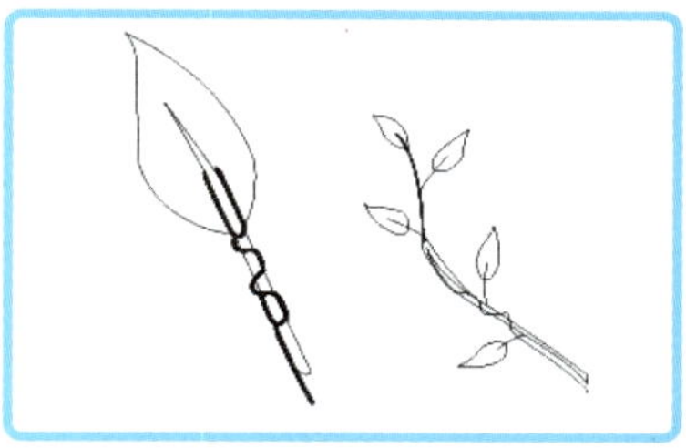

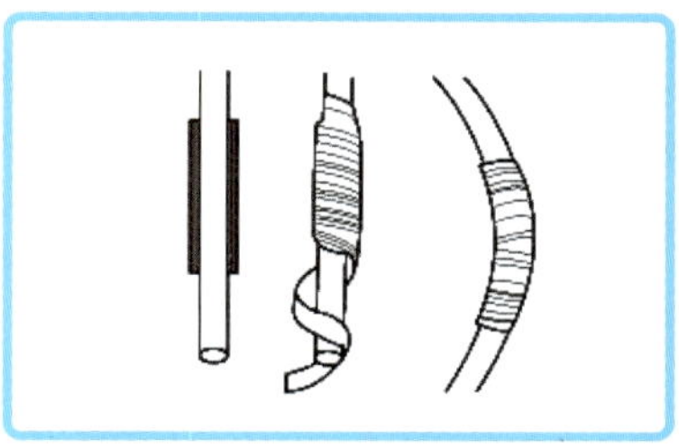

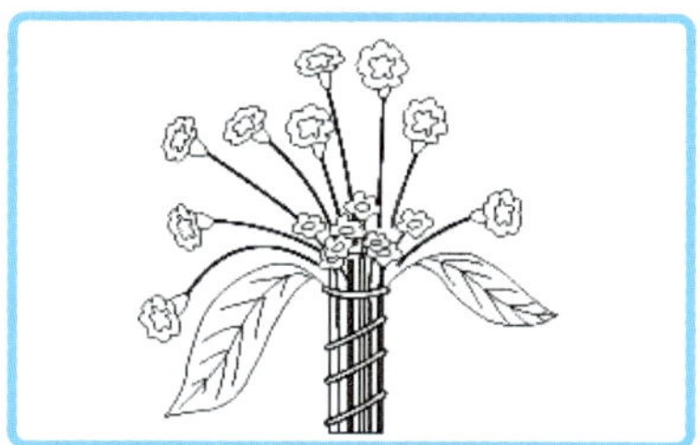

Moostecknik(모스 테크닉)

모스 테크닉은 100% 자연적인 소재를 이용하여 오아시스처럼 물을 잘 보관할 수 있는 이끼류를 베이스로 하여 제작된 신부화이다.

신부화는 최소 하루 동안은 물을 공급하지 않아도 식물이 신선하게 유지될 수 있어야 하며, 신부가 하루 종일 들고 있어야 하므로 너무 크거나 무거워서도 안 된다.

현재는 오아시스로 제작된 부케 홀더가 있지만, 옛날에는 모든 것을 자연에서 찾아야만 했다. 대표적인 소재가 모스이며, 그 중에서도 Wassermoos, Polstermoos처럼 물을 많이 저장할 수 있는 종류를 사용하였다.

장점 : 물 공급이 원활하고, 어레인지먼트처럼 모스에 꽂아서 제작하기 때문에 핸드타이드 기술에 약한 사람도 제작이 용이하다. 특히 꽃의 형태와 식물의 율동성을 표현하는 데 좋은 테크닉이다.

단점 : 손잡이 부분이 두꺼워 신부가 오랫동안 들고 있기에 무거운 감이 있으며, 많은 꽃을 사용하기에는 부적절하다.

Brautstrauss in Steckhilfe gesteckt(부케 홀더를 이용한 신부화)

부케 홀더를 이용하여 제작된 신부화의 가장 큰 특징은 물 공급이 원활하고, 핸드타이드 테크닉에 비해 습득이 용이하며, 특히 폭포형처럼 핸드타이드 기술로 제작하기 어려운 신부화를 아주 간단하게 빠른 시간 내에 제작할 수 있다는 것이다. 하지만 오아시스에 항상 물이 차 있어 너무 무거운 단점이 있고, 신부화를 공중에 던지는 세리머니 도중에 꽃이 빠지는 경우도 있다.
현재의 플라워숍에서 가장 손쉽게 제작되는 신부화이며, 오아시스를 자유롭게 교환할 수 있기 때문에 부케 홀더의 재활용이 가능하다.

Wattetechnik

(물 공급을 위해 줄기 끝을 솜으로 감은 후 플로랄테이프로 마무리한 테크닉)

이것은 식물의 줄기에 오랜 시간은 아니지만 어느 정도 수분을 공급해 주면서 줄기에 남아 있는 수분의 증발을 억제하기 위해 솜에 물을 적셔 플로랄테이프로 마무리하는 테크닉이다. 이때 주의할 점은 줄기 끝에 솜을 감고 플로랄테이프로 마무리할 때 느슨하게 감아서는 안 된다는 것이다. 또한 솜을 많이 넣어 너무 두꺼워지면 신부화 형태를 잡을 때 어려운 면이 있다.

줄기와 와이어가 연결된 부분을 젖은 솜으로 처리하여 와이어링의 최대 단점인 수분 증발을 억제하는 장점이 있으며, 와이어 작업을 하기 때문에 식물을 자유자재로 배치하여 다양한 형태를 제작할 수 있다.

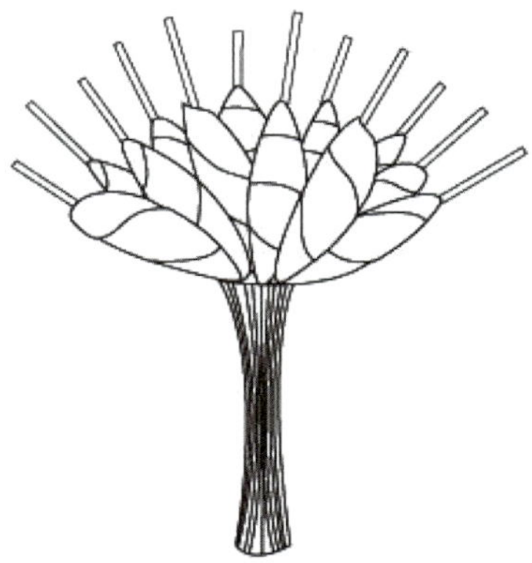

Corsage(코사지)

코사지는 신부가 신부화에서 꽃 한 송이를 빼어 신랑에게 건넨 데에서 유래한다. 요즘은 꽃뿐만 아니라 과일, 리본, 구슬 등 비식물적 소재와 다양한 소품을 이용해 제작되고 있다.

코사지에서 중요한 점은 크기이다. 코사지가 너무 크면 신랑이 움직일 때 거추장스럽기 때문에 작고 아담하게 제작할 필요가 있다.

코사지를 의상에 고정할 때는 다양한 세리머니 도중에 코사지가 의상에서 떨어지지 않도록 핀으로 확실히 고정해야 한다.

Kopfschmuck(머리 장식)

머리 장식의 일반적인 디자인은 헤어밴드를 이용해 약간의 꽃을 장식하거나 리스를 이용해 화관처럼 장식하는 것이다.
식물을 선택할 때에는 신부화가 중심이 되기 때문에 가능하면 신부화에 사용했던 꽃과 소재를 이용하는 것이 통일성을 강조하면서 자연스럽게 조화를 이룰 수 있다.
16세기 유럽에서는 특히 Mytenkrone(신부의 화관)가 유행하였는데, 화관이 신부의 순결을 상징한다는 의미에서였다.
신부의 머리 장식도 코사지와 마찬가지로 예식 중 다양한 세리머니로 떨어지는 것을 방지하기 위해 고정 핀을 이용해 확실히 고정하는 작업이 중요하다.

Autoschmuck(자동차 장식)

Anforderungen an einen Autoschmuck(자동차를 장식할 때 고려할 사항)

1 식물적인 장식과 자동차의 스타일이 잘 맞아야 한다.

2 자동차는 움직여야 하므로 장식을 목적으로 하는 자동차와 고장 난 자동차는 피한다.

3 신랑 신부가 탈 수 있도록 의자가 준비돼 있어야 한다.

4 먼지가 없이 항상 깨끗이 유지되어야 한다.

5 특별한 날이므로 가급적 고급 승용차를 준비한다.

6 결혼식 테마에 따라 클래식한 자동차나 오픈카를 준비한다.

자동차는 실제 도로상에서 운행을 해야 하므로 장식적인 면도 중요하지만 고정 작업이 무엇보다 중요하다. 실리콘으로 제작된 핀으로 오아시스를 고정하고, 오아시스 위에 식물을 장식하는 것이 가장 일반적인 스타일이다.

그 외에 Girlande(갈란드)를 이용하여 자동차의 앞부분과 뒷부분을 연결하는 작업을 할 수 있으며, Herz(하트) 모양과 Ring(반지) 오아시스로 사랑의 상징인 하트와 반지 모양을 보닛에 장식할 수 있다. 리본과 꽃으로 자동차 손잡이 부분을 장식하여 자동차 뒤의 꽃 장식이 서로 조화를 이루도록 한다.

자동차 내부의 장식은 될 수 있으면 안 하는 것이 낫다. 자동차는 도로상에서 움직이는 교통수단으로서의 목적이 최우선이므로 내부의 꽃 장식은 오히려 운전하는 데 방해가 될 수 있다. 따라서 앞 유리에 장식하는 것을 피하고, 보닛에도 너무 큰 장식물을 달거나 시야를 가릴 만한 위치는 피해야 한다. 또한 깜빡이 등, 브레이크등, 후진등과 같이 신호와 관련된 곳과 번호판에는 절대로 장식을 해서는 안 된다.

자동차에 장식할 수 있는 부분

앞 범퍼
보닛
트렁크
사이드미러
손잡이
지붕

자동차 장식에 응용할 수 있는 디자인

Girlande(갈란드)
Herz(하트)
Kranz(리스)
Gesteck(어레인지먼트)
Objeckt(오브제)
Kreuz(십자가)

크란츠를 이용한 웨딩카 장식

Blumenkunst

Gesteck

어 레 인 지 먼 트

Gestaltungsstil oder Gestaltungsart

조형의 양식 또는 조형의 종류

Naturnahe Gestaltungen

(자연에 속하는 조형)

Vegetativ

식생적 장식은 자연의 일부분을 잘라 작품으로 전환하는 것이다. 이때 식물이 가지고 있는 특징, 즉 개성, 환경, 군생 등을 잘 관찰하여 식물의 습성에 맞게 장식해야 한다. 일반적으로 아심메트리로 제작된다.

Verfremdete Gestaltungen

(자연에 속하지 않는 조형)

Formal-linea

식물 일부분의 정확한 형태와 선을 전면에 배치하여 자연에서 볼 수 없는 상황을 작품 속에 전환한다. 꽃은 기하학적인 형태로 전환하고, 선은 자유롭고 활동적인 면을 표현한다. 심메트리 또는 아심메트리로 제작된다.

Naturnahe Gestaltungen
(자연에 속하는 조형)

Verfremdete Gestaltungen
(자연에 속하지 않는 조형)

Dekorativ

일반적으로 많은 꽃을 사용하여 한 작품 속에서 색채학적으로 장식하여 자연적으로 표현하는 것을 말한다. 1970~1980년대에는 자연에 속하지 않는 디자인이었지만, 1990년대에 자연에 속하는 디자인으로서 새롭게 개념이 정리되었다. 꽃은 조형의 형태로 장식되며, 리듬감 있게 배열한다. 일반적으로 심메트리 디자인에 적용한다.

Formarbeit

엄격한 형태 안에 식물의 형태를 표현하는 것을 말한다. Passiv Bewegungsform(수동적 율동감)을 가진 식물의 일부분과 가치가 작은 식물들을 Koplakte Umriss(촘촘한 윤곽) 안에 규칙적으로 배열하여 하나의 새로운 형태로 전환한다. 작품은 항상 엄격하고 기하학적인 형태인 심메트리로 제작된다.

Ordnungsart(질서)

Symmetieachse(대칭축), Waagepunkt(중심축), Gruppenachse(그룹축)을 각각의 그림에 표시하시오.

Symmetrie
(대칭)

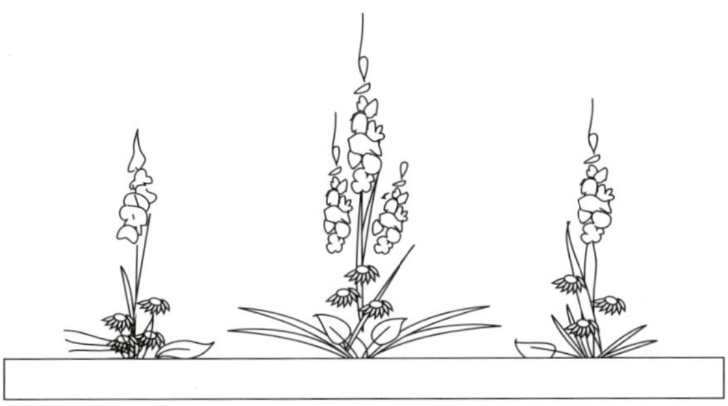

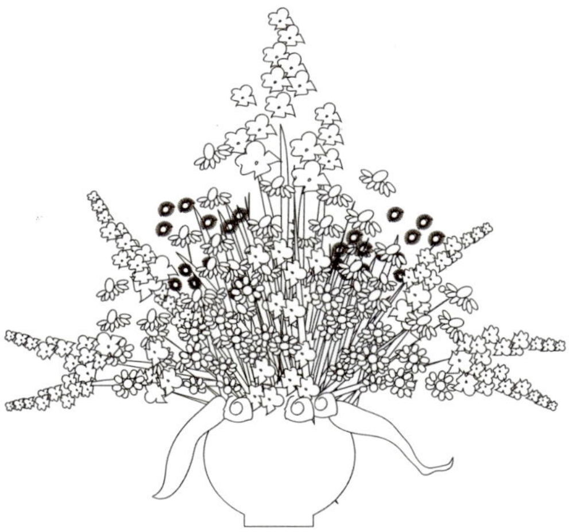

Asymmetrie
(비대칭)

Das Optische Gewicht(시각적 무게 중심)

시각적 무게 중심은 소재와 화기의 색, 형태, 질감의 영향을 받는다.

시각적 무게 중심은 물리학적 무게 중심을 정확히 측정하는 것이 아니라 조형의 요소 또는 그룹들의 무게를 시각적 또는 감각적으로 측정하는 것을 의미한다.

Der goldene Schnitt ist das optimale Mass fuer eine ausgewogene Gestaltung(황금분할법은 균형이 잡힌 조형의 최적의 측정)

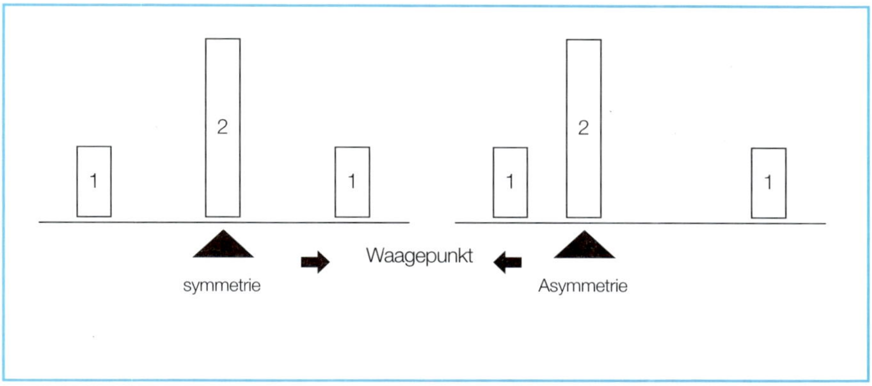

Blumen und Gefaess(꽃과 화기)

절화를 장식하기 위해서는 꼭 화기를 사용해야 한다. 생화의 수명을 연장하기 위해서는 물이 꼭 필요하기 때문이다. 하지만 화기는 단순히 생화에 물을 공급해주는 역할만 하는 것이 아니라 미적으로도 활용된다.

어레인지먼트를 제작할 때 식물과 화기가 조화를 이루는 것이 무엇보다 중요하다. 이때 식물의 움직임의 형태와 화기의 형태, 식물의 색과 화기의 색, 식물의 질감과 화기의 질감, 식물의 크기와 화기의 크기 등을 고려하여 제작해야 한다. 식물과 화기의 이상적인 비례는 식물 각각의 개성을 고려하여 황금 비율에 맞게 장식하는 것이다.

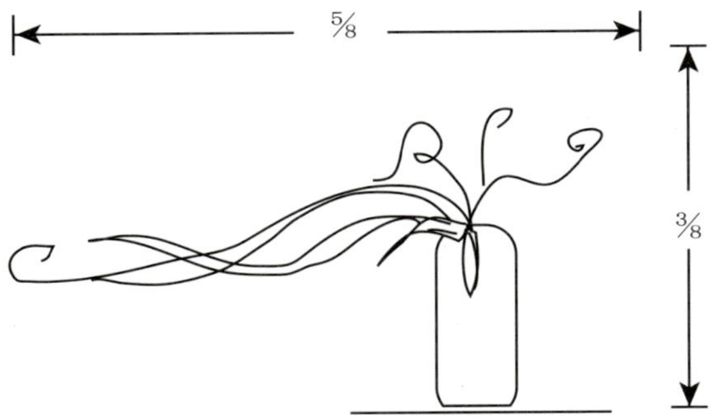

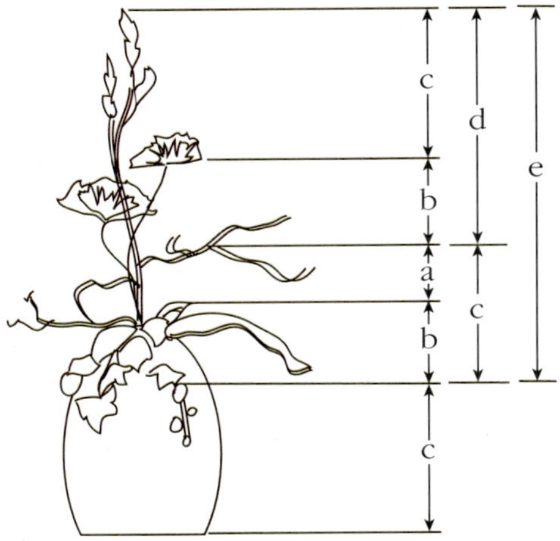

Vorbereitung der Steckhilfe(오아시스 준비 작업)

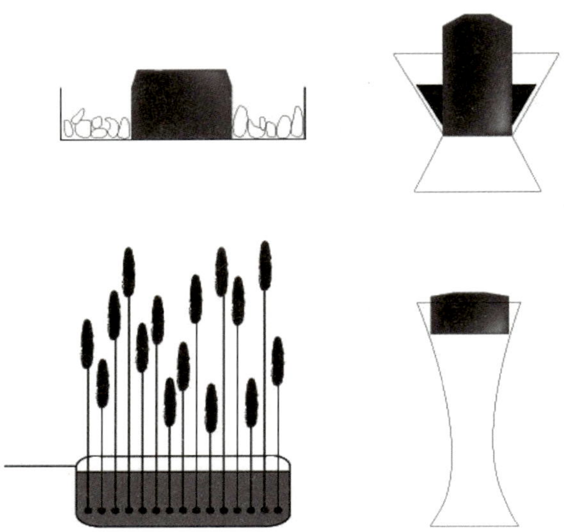

화기 속에 오아시스를 이용할 경우 오아시스가 움직이지 않도록 잘 고정해야 한다. 이때 자갈, 오아시스 조각 등을 이용하여 고정하기도 한다. 오아시스가 잘 고정되지 않으면 키가 큰 식물을 이용하여 제작된 작품의 경우 이동할 때 형태가 망가지는 수가 있다.

오아시스는 하루 정도 물에 담가 두는 것이 좋다. 그렇다고 억지로 담가 두어서는 안 된다.

Abdeckung(바닥 처리)

Gesteck(어레인지먼트)의 마무리 작업은 뭐니 뭐니 해도 오아시스가 잘 보이지 않도록 처리하는 Abdeckung이다. 대부분 흙, 이끼, 돌, 나뭇가지 등의 자연적인 소재를 이용하여 바닥 처리를 하게 되는데, 장식적 어레인지먼트에는 바닥 처리 또한 장식적으로, 식생적 어레인지먼트에는 자연적인 느낌이 나도록 많은 공간을 확보하고 식물과 식물 사이는 높낮이를 이용하여 제작하는 것이 포인트이다.

식생적 아심메트리 어레인지먼트의 Abdeckung.

심메트리 어레인지먼트의 Abdeckung. 모래와 구근을 이용하였다.

납작한 돌을 세로로 세워 제작한 Abdeckung.

작은 녹두콩을 이용한 장식적인 Abdeckung.

오아시스 이외의 고정 방법

어레인지먼트를 제작할 때 오아시스 이외에 자연적 소재와 비자연적 소재를 이용하여 식물을 고정할 수 있다. 오아시스가 생산되기 전에 동양에서는 침봉을 이용하여 식물을 고정하였으며, 유럽에서는 목이 긴 꽃병이나 유리병 등을 이용하여 병꽂이 등을 하였다.

사각형 유리 화기에 동그랗게 뭉친 고수버들을 넣어 꽃을 고정한다. 이러한 테크닉을 적용할 때에는 달리아, 카네이션처럼 줄기가 아름다운 식물을 선택하는 것이 좋다.

볼형 유리 화기에 대나무 가지를 사선으로 넣어 작은 공간이 생기도록 한다. 각각의 작은 공간에 꽃을 끼워 넣으면 된다.

철망을 이용하여 식물을 고정하였다. 철망은 장식적인 효과와 실용적인 효과를 나타낸다.

플라스틱 병과 고수버들을 이용하여 꽃이 고정될 수 있도록 작은 공간을 만들어 그 사이에 꽃을 넣어 고정하면 된다.

Gefaesse(화기)

어레인지먼트를 제작할 때 생화의 물 공급과 장식을 위해서 다양한 화기가 필요하다. 독일 국립꽃예술학교 바이헨슈테판의 다양한 화기를 통해서 화기의 형태, 색, 질감 등을 살펴본다.

Individualitaet und Charakter des Pflanzes(식물의 개성과 캐릭터)

개성個性의 사전적 의미 : 다른 사람이나 개체와 구별되는 고유의 특성

캐릭터charakter의 사전적 의미 : 사물이나 현상이 가지고 있는 고유의 특성

식물을 개성과 캐릭터로 분류하자면 각각의 가치, 생육 기간, 색채, 구조, 특성, 움직임, 선 등을 분류의 기본으로 할 수 있다.
Franz Kohlbrand는 1928년 강인한 꽃에서 활기가 넘치는 성격 즉 개성에 대한 이론을 내놓았다. 당시에는 풍습과 전통에 따라 색채를 중시한 꽃다발이 주류였다. 그의 수제자였던 Moritz Evers는 형식적인 꽃다발에서 개성이 있는 꽃들을 찾아내어 각각의 특징을 살린 꽃다발을 제작하여 개체의 이상적인 표현을 실험하였다. 이와 같은 일들은 1945년 이후 미와 질서가 새롭게 발견된 시대에 적합하였고, 조형학에서도 표현의 특징과 형태를 포함한 개성, 성격 등에 관한 논의가 이루어졌다.

자연 속의 강약

나뭇가지 : 가장 강한 힘 튤립 : 두 번째로 강한 힘
그린 소재 : 세 번째로 강한 힘 지피 식물, 풀 : 가장 약한 힘

식생적 Gesteck(어레인지먼트)를 제작할 때 숲 속의 구성을 이해하면 좀 더 쉽게 제작할 수 있다.
숲 속을 분류하면 수목, 관목, 초목, 지피 식물로 나눌 수 있다. 수목은 큰 키와 강인한 수피, 넓은 공간 등을 개성으로 가지고 있다. 관목은 중간 크기의 강인함과 초목과 수목을 연결해 주는 연결고리 역할을 하는 특징을 가지고 있으며, 특히 작품 속에서 시선이 닿을 수 있는 악센트를 제공한다. 초목은 강인한 수목의 힘을 분산시켜 주는 역할을 하고, 지피 식물은 Basis(바닥)를 자연스럽게 표현하는 역할을 한다.
이러한 특징들은 하나의 식생적 Gesteck(어레인지먼트)를 제작할 때 모두 적용된다.

Wachstumspunkt(생장점)

Symmetrie

일생장점

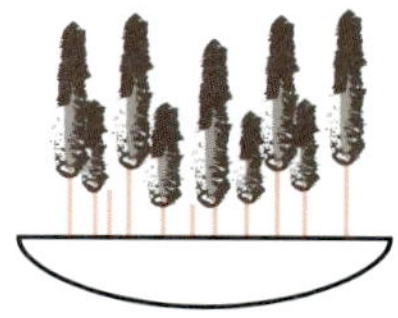

복수 생장점

Asymmetrie

1 WP mit Aufstrebend

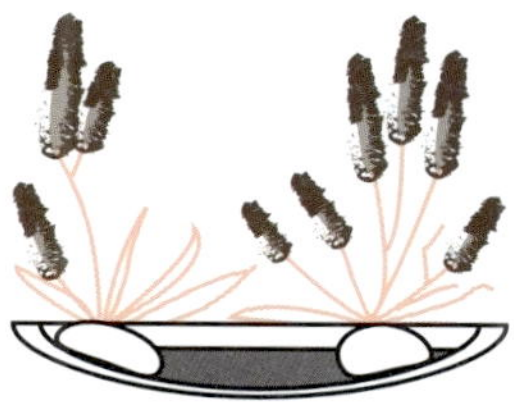

Mehrere WP mit
Gesammt-wirkung 1wp

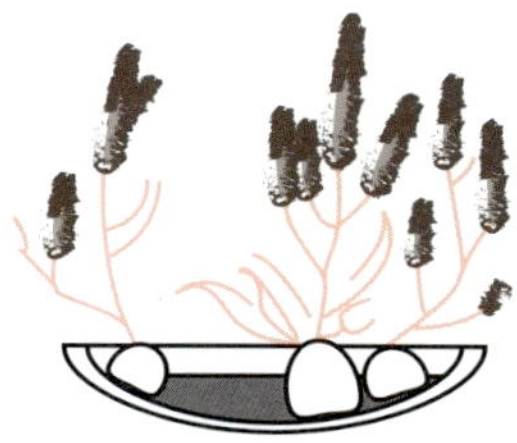

Mehrere WP in einer Schale

1 WP mit Ausschwingend

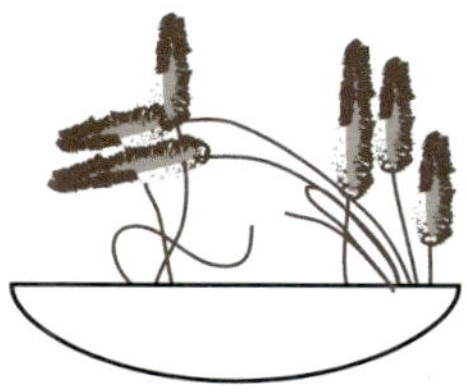

Mehrere WP mit
Gegensaetlichen Bewegung

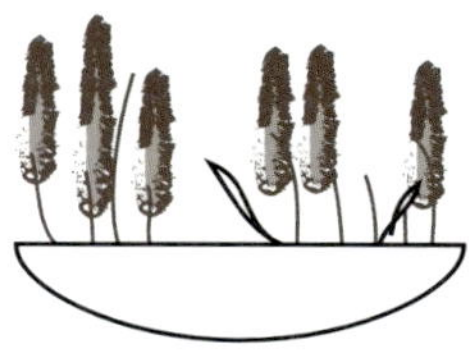

Mehrere WP mit Parallel-anordnung

1 WP mit fliessend

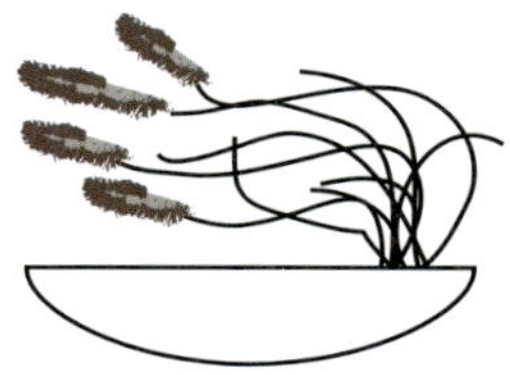

Windungen

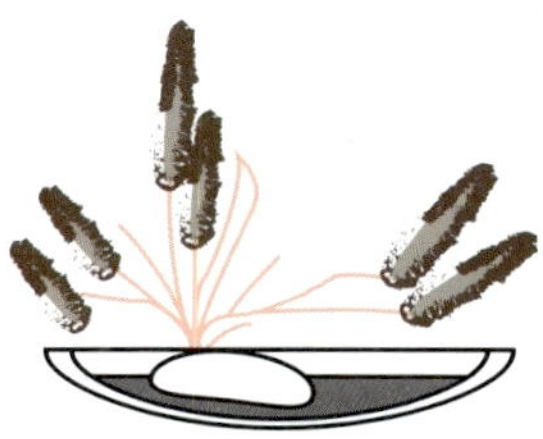

1 WP mit ausstrebend-
ausschwingend

Mehrere WP mit
ueberschneidungen

Gesteck 제작 시 고려해야 할 사항

Kontrast(대조)
자연적 소재와 비자연적 소재의 대조,
색채의 대조 (예) 보색 대비)

Ordnungsart(질서)
symmetrie(대칭) 또는
Asymmetrie(비대칭)

Farben(색)
중심색, 보조색 등

Thema(주제)
사계절, 생일잔치, 회갑연,
크리스마스 등

Bewegungsformen(움직임의 형태)
Aktiv : Aufstreben, Ausschwingend,
Festfaltend, Gering 등
Passiv : Abfliessend, Spielend, Bruechig 등

Gefaess(화기)
화기의 형태, 크기, 질감,
색채 등

Oberflaeschestruktur(질감)
식물적 소재와 비식물적 소재, 화기의 질감

Material(재료)
식물적 소재 : 꽃, 나뭇가지 등
비식물적 소재 : 돌, 자갈, 모래, 치킨 와이어 등

Proportion(비례)
화기 크기와 소재의 비례,
화기 색과 소재의 색에 대한 관계,
황금 비율을 적용한 비례 등

Akzent(강조)
강조점이 어디에 있는가,
어떤 소재로 무엇을 강조했는가

Abdeckung(바닥 처리)
식물적 소재와 비식물적 소재를 이용하여 오아시스가 보이지 않도록 처리하는 방법

Achse(축)
심메트리 축, 무게 중심 축 등

Gruppierungen(집단, 무리의 배열)

각각의 작은 부분(모양)들을 모아 하나의 그룹을 지어 작품 속에서 강조하기 위한 방법이다.

Reihe(열/줄)

Einfache Reihe(간단한 줄)

한 종류의 작은 부분들이 규칙적인 일직선으로 배열된 상태. 같은 식물이나 소재를 배열한다. 시각적으로 빠른 느낌 즉 속도감을 느낄 수 있으나, 디자인이 단조롭고 변화가 다양하지 못한 단점이 있다.

Rhythmische Reihe(리듬감이 있는 열)

서로 다른 작은 부분들이 규칙적인 일직선으로 배열된 상태. Einfache Reihe에 비해 율동감과 반복성이 있으며, 디자인이 단조롭지 않고 생동적이다.

Gruppierung gleicher Teile(같은 모양의 배치)

같은 어레인지먼트를 이용하여 심메트리 또는 아심메트리로 배치하여 장식하는 방법으로, 공통점을 찾아 하나의 그룹으로 표현하는 것이다. 우리의 눈은 같은 모양의 사물들을 하나의 그룹으로 만들려는 습성이 있다. 이 때문에 같은 어레인지먼트가 규칙적으로 배열되면 하나의 선으로 표현된다. 이때 높낮이를 주어 장식적인 효과를 나타낼 수 있으며, 반복성으로 인하여 하나의 그룹을 두드러지게 강조할 수 있는 장점이 있다.

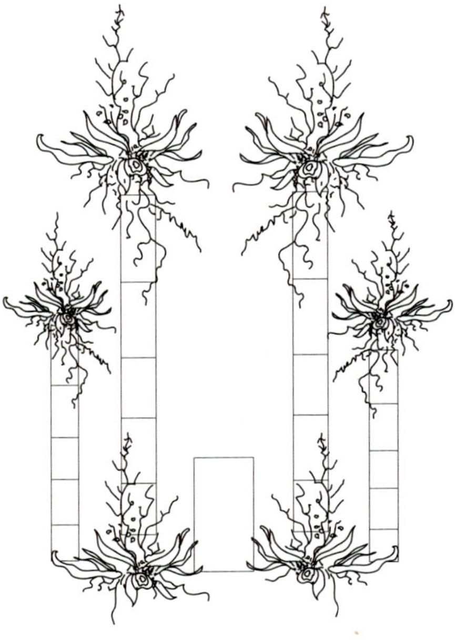

Gruppierung ungleicher Teile(서로 다른 모양의 배치)

서로 다른 모양으로 제작된 어레인지먼트는 각각의 형태로 인하여 작품 속에서 다른 작용을 나타낸다.
왼쪽 그림은 모양에 조금씩 변화를 주어 단조로움을 피하긴 했으나 공통성이 없어 복잡하고 정리 정돈이 잘 되지 않은 느낌을 준다.

Gruppierung in der freien Ordnung(아심메트리 상태에서 다른 모양의 배치)

아심메트리 상태에서 서로 다른 모양의 어레인지먼트를 이용하여 배치할 경우 규칙성과 동질성이 결여되어 시각적인 악센트와 무게 중심이 중심 모티프로 이동하는 효과가 있다. 이때 중심 모티프는 가장 강조되는 그룹으로, 3개의 어레인지먼트는 각각 하나의 그룹으로 표현된다. 가장 강한 그룹을 Hauptgruppe, 중간 그룹을 Gegengruppe, 가장 약한 그룹을 Nebengruppe라고 한다.

Die Grammatik der Gestaltung(조형의 법칙)

심메트리
일생장점
많음
비식생적

아심메트리
일생장점
적음
식생적

아심메트리
복수생장점
많음
비식생적

아심메트리–복수 생장점–적음–식생적

Hanakubari(꽃을 지탱시키는 방법–이케바나 테크닉)

하나쿠바리는 일본의 전통 이케바나(꽃꽂이) 테크닉에서 발전한 디자인으로, 기존의 화기에 침봉 또는 오아시스를 이용하여 식물을 고정하는 방법에서 탈피하여 자연적인 소재와 비자연적인 소재를 이용하여 꽃을 고정하는 방법이다. 오아시스를 사용하면 누구나 쉽게 어레인지먼트를 완성할 수 있지만, 오아시스가 보이지 않게 하기 위해서 필요 이상으로 꽃을 많이 사용하게 되는 단점이 있다. 하지만 하나쿠바리 테크닉은 많은 꽃을 장식하여 조화로운 디자인으로 완성하는 것이 아니라, 다양한 선을 살려 어떻게 하면 한 송이의 꽃을 훨씬 가치 있게 표현할 수 있는가에 초점을 맞춘다.

하나쿠바리는 일본의 마미 가와사키가 이케바나의 쿠바리 테크닉을 발전시킨 새로운 개념의 디자인이다. 하나쿠바리는 특히 모던한 테이블 장식의 센터피스와 공간 오브제로 활용할 수 있다.

Aufgaben zur Bewertung(채점 목록)

1. Gestalterischer Eindruck(조형학적 인상) – 4점

- Thema(주제)
- Idee(아이디어)
- Klarheit der Pflanzlich Gestaltung(식물학적 조형의 정확도)
- Harmonie von Pflanzliche und Nicht Pflanzliche
(식물적 소재와 비식물적 소재의 조화)

2. Gestaltende Ausfuehrung(조형학적 실행-이론적인) – 6점

- Konsequenz in der Ordnungsart(Symmetrie oder Asymmetrie)
(질서의 배열에 대한 결과-심메트리, 아심메트리)
- Konsequenz in der Anordnungsweise(Ein oder Mehrer Wachstumspunkt)
(구성의 본질에 대한 결과- 일생장점, 복수 생장점)
- Proportion(비례)
- Abstimmung von Bewegung(자연스러운 움직임-선에 대한 정도)
- Abstimmung von Farben(색채에 대한 정도)
- Abstimmung von Struktur(구조에 대한 정도)

3. Hadwerkliche Vorarbeitung(제작 테크닉) – 3점

- Sauberkeit Technik(정리 정돈)
- Haltbarkeit(생명력)
- Abdeckung(바닥 처리)

Blumenkunst

Kranz

리 스

Kranz
리스

Kranz의 어원으로는 '크란츠'를 의미하는 라틴 어 corona와 '관'을 의미하는 그리스 어 corone가 있다. 고대 이집트 시대에 손님을 초대할 때 환영하는 표시로 머리 위에 올려놓은 것에서 유래한다.
중세 시대에 와서는 형태가 변형되어 귀족들이 화관으로서 몸에 장식했으며, 특히 결혼식 화관의 경우 신부의 순결을 상징하는 역할을 했다.
일반인들도 전통 행사, 종교 행사, 결혼식 등에 크란츠를 사용하였다.

크란츠는 원래 머리에 감는 데에서 유래되었다. 아이비 줄기와 올리브 가지로 다발을 만드는 것은 표창과 명예를 표현하는 것이었다. 월계수는 원래 시인과 가수에게 전달되는 것이었으나, 후세에 영웅과 성공한 사람들에게 전달하는 것으로 변형되었다.

고대 헬레니즘 문화의 크란츠

르네상스 양식과 바로크 양식의 크란츠

녹색의 크란츠는 선사 시대에 전쟁에서 승리한 최고 지도자에게 수여하는 것으로 사용되었다. 후세에는 금으로 관을 만들어 장신구로 사용하였는데, 이것은 헤어밴드와 화관을 추상화한 것이었다.
머리에 장식한 크란츠는 몇백 년간 이어져 내려오면서 발전해 왔으며, 앞으로도 시대정신과 유행에 따라 발전해 나갈 것이다.

크란츠의 테크닉에는 원형 와이어에 이끼나 볏짚 등을 감은 다음 꽃이나 식물을 엮어 제작하는 크란츠, 오아시스에 꽃과 식물을 꽂는 어레인지먼트형, 나무줄기나 가지 등을 이용한 Geruestkranz가 있다. 크란츠를 제작할 때 고려할 점은 정확한 원형이 되어야 한다는 것이다. 타원형으로 제작된 크란츠는 엄격히 말하면 크란츠라고 할 수 없다. Proportion(비례)은 식물의 재료, 질감, 색 등에 따라 달라지지만 일반적인 크란츠 비례는 1 : 1.6 : 1로 제작된다.

Symbolik der Trauergabe(장례식 장식의 상징)

3백 년 전 이집트의 묘지에서 작은 크란츠가 발견됨으로써 고대 이집트 인들이 장례식에서 크란츠를 종교적인 목적으로 사용하였음을 알 수 있다.
크란츠는 처음과 끝이 연결된 원형으로 되어 있으며, 이 원형은 끝이 없는 영원을 상징한다.
이집트 인들은 죽음이 끝이 아니라 사후에도 삶이 계속 이어진다고 믿었다. 이러한 상징은 현재까지도 이어 내려오고 있다. 유럽의 장례식에서는 크란츠가 꼭 있어야 할 상징으로 여겨지고 있다.

Kranzproportion(크란츠 비례)

크란츠의 Verhältnis(비례)는 일반적으로 1 : 1.6 : 1로 제작되지만 재료의 질감, 색, 형태에 따라 조금씩 달라진다. 자를 이용해서 정확히 측정할 수는 없으며, 시각적인 균형을 감각적으로 측정한다.

Kranzkoerper : Kranzoeffnung : Kranzkoerper
(1) : (1.6) : (1)

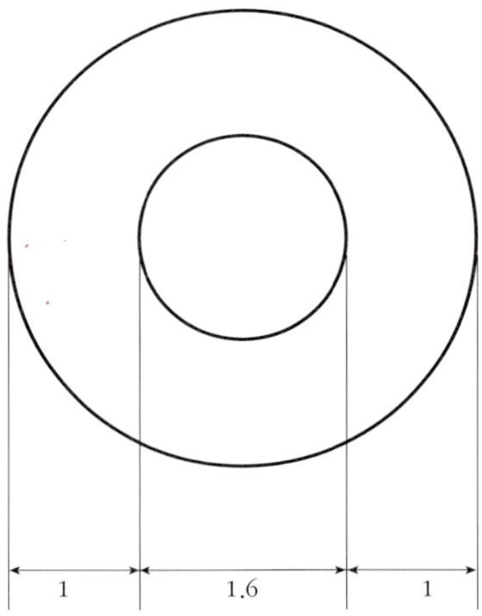

Der Umriss des Werkstoffes beeinflusst die Proportion

(윤곽은 재료에 따라 비례의 영향을 받는다)

아래의 크란츠는 모두 정확하게 1 : 1.6 : 1의 윤곽 비례를 가지고 있다. 하지만 재료의 형태와 질감에 따라 Proportion이 시각적으로 다르게 보인다.

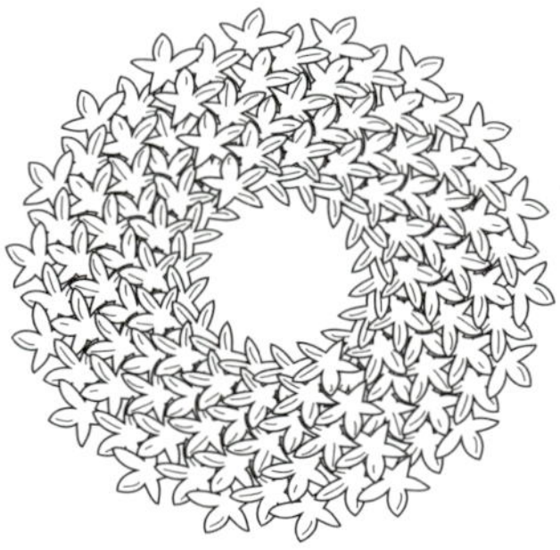

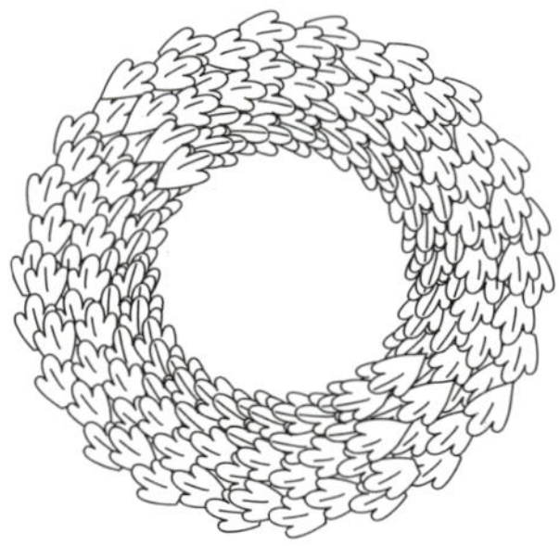

나뭇잎들이 작은 공간으로 형성되어 있어 전체적으로 활동적이며, 시각적으로 윤곽이 넓어 보이는 느낌을 준다.

나뭇잎으로 촘촘하게 제작되어 있지만 나뭇잎의 형태 때문에 오른쪽보다 딱딱하지 않고 느슨한 느낌을 준다.

강하고 엄격한 모양의 나뭇잎으로 형성되어 딱딱하고 기하학적인 형태이며, 시각적으로 두꺼운 느낌을 준다.

크란츠의 비례에 따라 Bewegung(움직임)이 다르게 보인다.

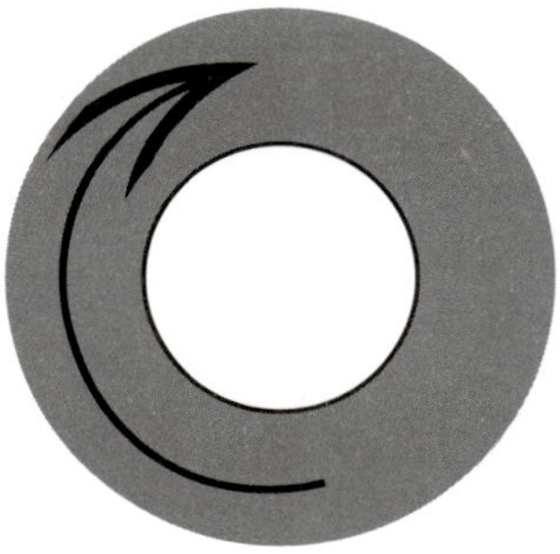

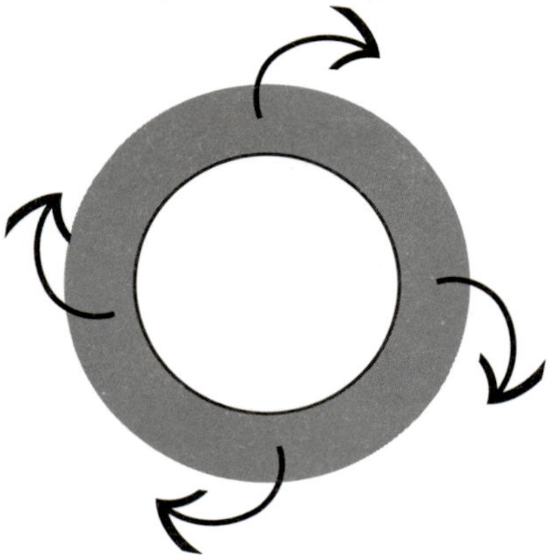

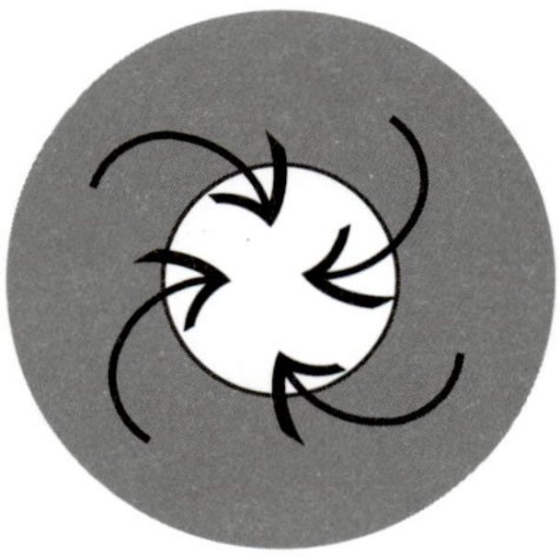

정확한 크란츠 비례에 의해서 제작되어 안정감이 있으며, Bewegung(움직임)은 정확히 원형을 이루고 있다.

크란츠가 너무 얇으면 시각적인 움직임이 안쪽에서 바깥쪽으로 흐른다. 그로 인하여 시각적으로 원형이 흐트러질 수 있으며, 크란츠라기보다는 Ring(반지)처럼 보인다.

크란츠가 너무 두꺼우면 시각적인 움직임이 바깥쪽에서 안쪽으로 흐른다. 그로 인하여 크란츠가 더욱 두꺼워 보이며, 공간 부족으로 답답해 보이기도 한다.

Einfluss des Werkstoffe auf die Kranzproportion

(크란츠 비례는 재료의 영향을 받는다)

Helligkeit(밝기)	Umrissform(윤곽 형태)	Verhältnis(균형/비례)
Dunkle Farbtne (어두운 색 톤)	Aufgelst Locker geschlissen	1 : 1 : 1 1 : 1.2 : 1 1 : 1.3 : 1
Mittlere Helligkeit (중간 정도의 색 톤)	Aufgelst Locker geschlissen	1 : 1.2 : 1 1 : 1.3 : 1 1 : 1.5 : 1
Helle Farbtne (밝은 색 톤)	Aufgelst Locker geschlissen	1 : 1.3 : 1 1 : 1.5 : 1 1 : 1.6 : 1

크란츠 비례는 Kranzkoerper와 Kranzoeffnung 사이의 균형이다.

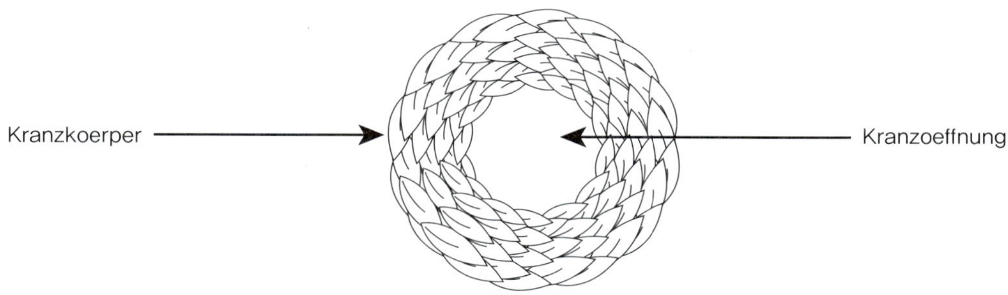

Kranzkoerper와 Kranzoeffnung의 계산법

크란츠의 지름이 70cm이고, 크란츠 Proportion을 1 : 1.6 : 1로 제작한다고 할 때
1+1.6+1=3.6이고, 70cm를 3.6으로 나누면 약 19.4cm(20cm로 계산).
따라서 Kranzkoerper는 20cm, Kranzoeffnung은 32cm가 된다.

Kranzkoerper : Kranzoeffnung : Kranzkoerper = 20cm : 32cm : 20cm

Kranzform(크란츠 형태)

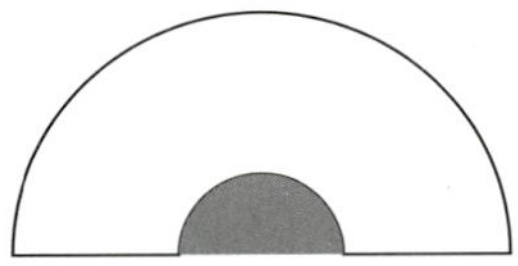

1/2 Profil

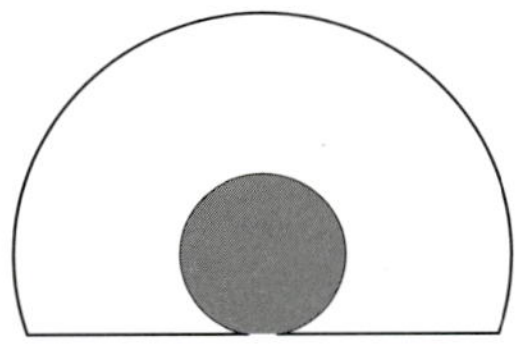

3/4 Profil

Roemerkranz

크란츠를 제작할 때에는 크란츠의 형태를 정해야 한다. 뢰머 크란츠는 일반적으로 제작하는 크란츠로, 왼쪽의 그림처럼 절반으로 잘린 듯하게 직각이 되는 형태를 말한다.
뢰머 크란츠는 크란츠의 윤곽을 정확하게 나타낼 수 있으며, 국화, 거베라, 달리아처럼 둥근 매스 플라워 종류의 꽃으로 제작할 때 많이 적용한다.
벽걸이용이나, 장례식용 크란츠에 주로 사용한다.

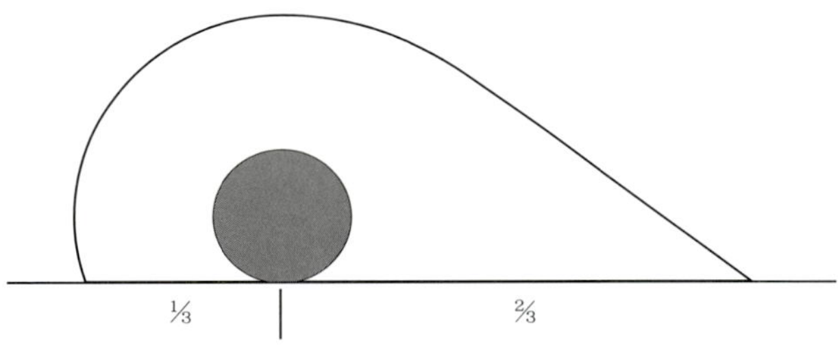

Deichform

다이히폼은 크란츠를 측면으로 세웠을 때 안쪽은 직각이 되고 바깥쪽은 45도로 기울어져 길게 되어 있는 형태를 말한다.
테이블 위에 장식하는 크란츠를 제작할 때 주로 사용하며, 크란츠와 테이블이 밀착되는 공간이 자연스럽게 연결되는 효과가 있다.

Herstellungstechniken(제작 테크닉)

Der gebundene Kranz(틀에 감아서 만드는 방법)

철사, 덩굴 등으로 원형의 틀을 짠 다음 그 위에 식물적 소재를 이용하여 크란츠를 제작한다. 이때 주의할 점은 재료를 가지런히 정리하는 것이다. 크란츠는 처음과 끝의 두께가 일정해야 하므로 재료를 항상 일정하게 넣어 철사로 감아 주어야 한다. 철사로 감을 때에는 안쪽에서 바깥쪽으로 감는다. 이때 재료가 빠지지 않도록 꽉 조여서 감아야 한다. 처음과 끝의 연결 부분은 식물의 줄기가 보이지 않고, 특히 두께가 일정하도록 제작해야 한다.

Der gesteckte Kranz(틀에 꽂아서 만드는 방법)

철사, 덩굴 등으로 원형의 틀을 짠 다음 볏짚이나 이끼류를 이용하여 어느 정도 두께가 있도록 제작한다. 그 위에 작은 그룹으로 만든 식물 소재를 먼저 제작한 틀에 규칙적으로 원형의 형태를 유지하면서 제작한다. 이때 식물 소재가 원형 틀에서 빠지지 않도록 정확히 고정하는 것이 중요하다. 틀은 정확히 원형이 되어야 한다. 만약 틀이 원형의 형태를 가지지 못하면, 식물을 넣을 때도 정확히 원형을 만들어 갈 수 없으며, 좋은 크란츠를 기대할 수도 없다.

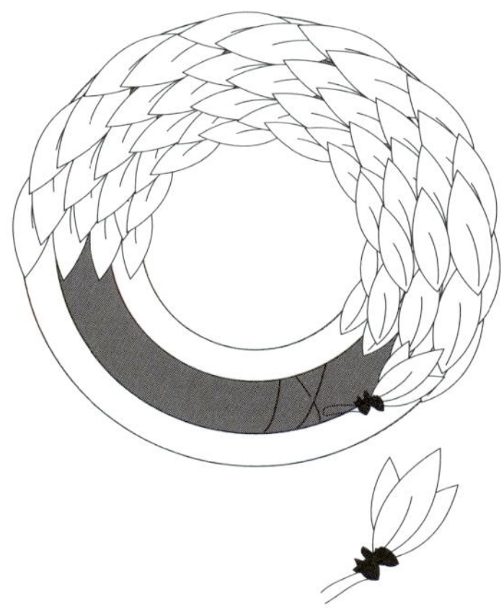

Der gehaftete Kranz(틀에 핀을 이용하여 만드는 방법)

볏짚으로 제작된 뢰머 크란츠를 베이스로 이용한다. 이때 틀은 완전한 크란츠 비례를 가져야 한다. 핀을 이용한 크란츠는 나뭇잎을 소재로 사용할 경우에만 가능하기 때문에 식물 소재가 크란츠 비례에 관여할 수 없다. 나뭇잎은 잎의 특성에 맞게 규칙적으로 모양이 흐트러지지 않도록 고정 핀을 이용하여 정확히 고정하는 것이 중요하며, 제작 도중 잎이 찢어지지 않도록 고정 핀을 한 번에 꽂아야 한다.

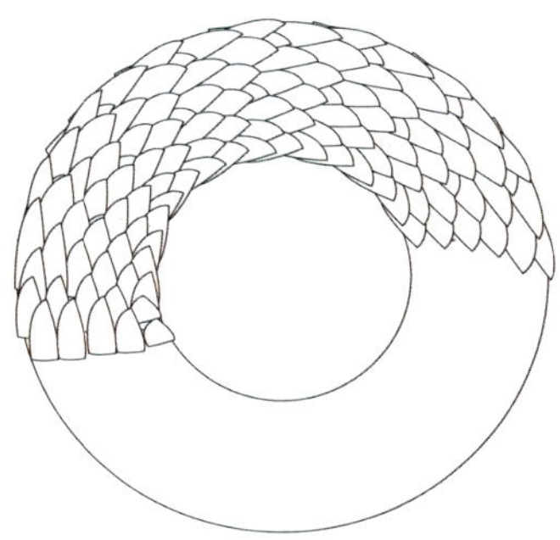

Der gebundene Kranz(틀에 감아서 만드는 방법)

덩굴, 철사 등을 이용하여 원형의 형태를 만든다.

덩굴, 철사 등으로 제작된 원형 틀에 볏짚, 종이 등을 이용하여 정확한 원형이 되도록 한 번 더 감아 준다.

식물적 재료와 원형 틀, 철사 등을 제작 전에 한곳에 모아 둔다.

크란츠 제작에 필요한 식물적 재료를 선택한다.

준비된 틀에 식물적 재료를 원형이 되게 만들어 간다.

Kranzkoerper의 두께를 계산하여 정확한 비례가 되도록 고려하여 제작한다.

크란츠 비례 1 : 1.6 : 1을 고려하여 Kranzkoerper의 두께가 규칙적으로 이어지도록 한다.

크란츠의 첫 부분과 끝 부분이 차이가 없도록 자연스럽게 연결한다. 이때 철사가 풀리지 않도록 꽉 묶어 주는 것이 중요하다.

Kranzgarnierungen(침엽수로 된 뢰머 크란츠에 꽃을 이용하여 제작하는 방법)

크란츠 가니어링은 편백, 측백을 이용하여 뢰머 크란츠를 제작한 다음 오아시스를 이용하여 생화를 장식하는 방법이다. 특히 장례식 크란츠를 제작할 때 사용한다. 크란츠 가니어링은 심메트리와 아심메트리로 제작할 수 있는데, 장례식의 특성상 엄격하고 규칙적인 심메트리를 주로 제작한다.

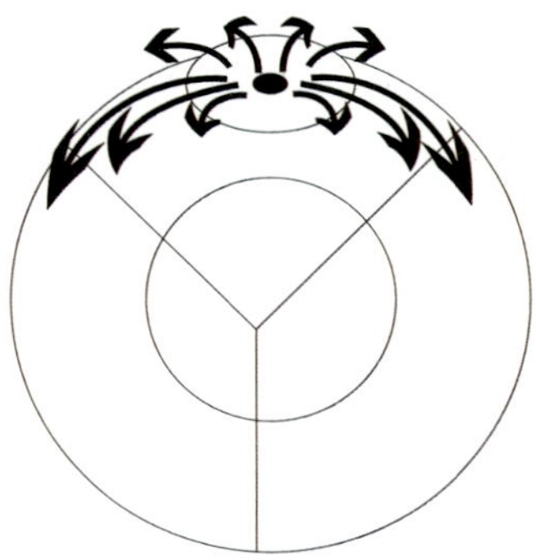

크란츠 가니어링의 일반적인 형태

뢰머 크란츠와 꽃의 비례는 1 : 2로 한다.

크란츠 가니어링의 제작 방법

편백, 측백, 향나무 등으로 제작된 뢰머 크란츠에 오아시스를 고정한다. 생화를 이용하지 않고 마른 열매나 드라이플라워 등을 이용할 때에는 오아시스 대신에 이끼류를 이용하는 것이 일반적이다.

생화를 장식할 때에는 아래의 그림처럼 꽃이나 소재가 원형 틀에서 벗어나지 않도록 하는 것이 중요하며, 오아시스를 하나의 생장점으로 활용할 수 있다. 일반적으로 반달형 형태의 어레인지먼트로 제작된다.

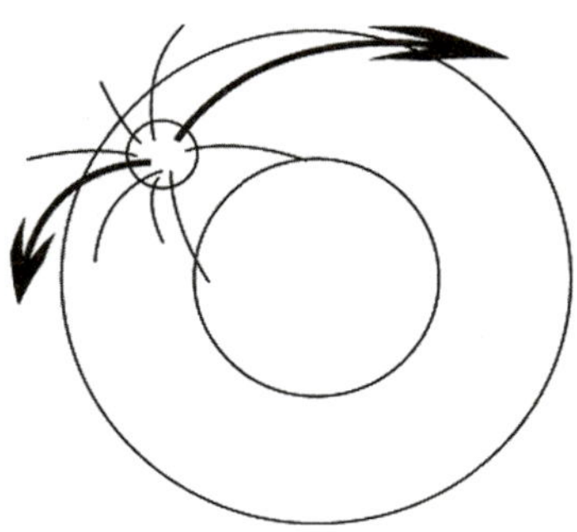

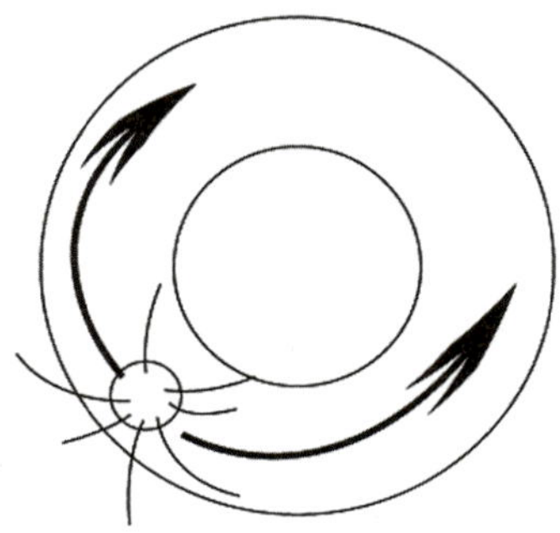

크란츠 가니어링의 일반적인 형태

크란츠의 상징이라고 할 수 있는 원형 틀이 부서지지 않도록 주의하여 제작해야 한다. 가니어링의 형태에는 심메트리 크란츠 가니어링, 아심메트리 크란츠 가니어링, 슈트라우스 크란츠 가니어링, 그루펜 크란츠 가니어링, 악센트 크란츠 가니어링, 반드 크란츠 가니어링, 슈필렌드 크란츠 가니어링으로 나뉜다. 일반적으로 심메트리 크란츠 가니어링과 아심메트리 크란츠 가니어링이 많이 제작된다.

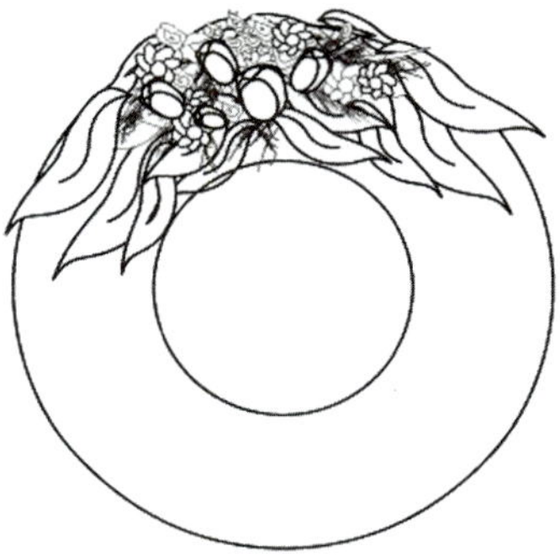

심메트리 크란츠 가니어링

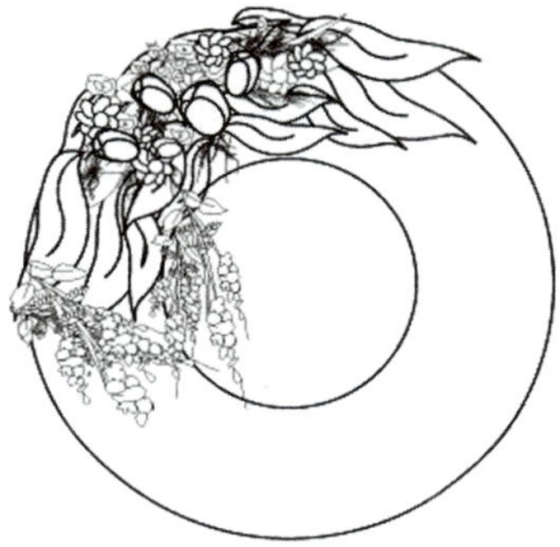

아심메트리 크란츠 가니어링

슈트라우스 크란츠 가니어링

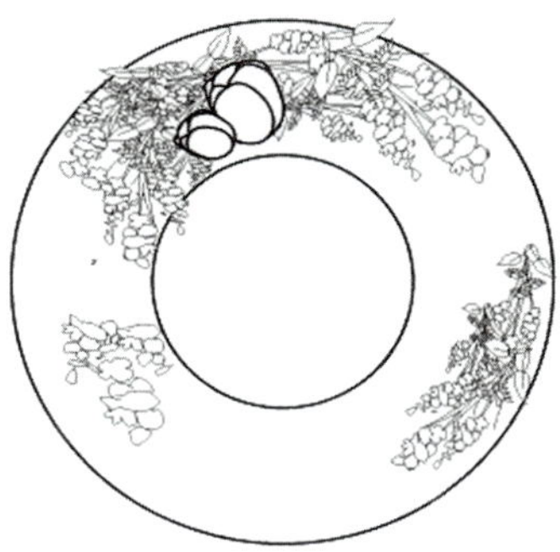

그루펜 크란츠 가니어링

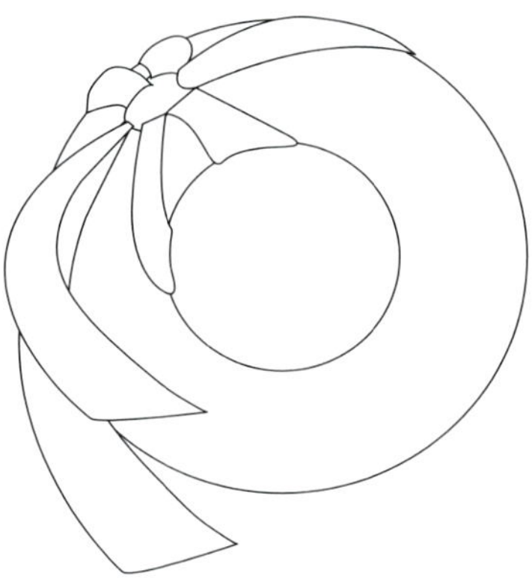

반드 크란츠 가니어링

슈필렌드 크란츠 가니어링

Allerheiligenkranz(알러하일리겐 크란츠)

알러하일리겐은 835년에 시작된 독일의 종교적 휴일로, 우리나라의 한식과 같은 날이다. 조상들의 묘지를 가꾸고 정리하는 날로, 독일에서는 11월 1일이며 공휴일로 지정되어 있다. 이 기간에 크란츠를 이용하여 묘지를 장식하는데, 11월의 기후 특성상 생화보다는 마른 열매와 겨울에도 푸른색을 띠는 소나무, 독일가문비, 전나무 등을 이용한다. 이때 장식한 알러하일리겐 크란츠는 봄까지 그대로 두며, 봄이 되면 팬지, 데이지, 무스카리 등의 신선한 꽃으로 묘지 화단을 장식한다.

Anfang von Adventskranz(어드벤츠 크란츠의 시작)

Johann Heinrich Wiechern(1808~1881)이라는 목사가 독일 함부르크에 살고 있었다. 어려서부터 고아로 자란 그는 신학에 관심이 있었고, 어드벤트(강림)와 크리스마스의 자료를 모으는 것이 유일한 취미였다.

목사가 된 Johann은 어드벤츠자이트(크리스마스 전 4주간, 즉 12월 1일부터 크리스마스까지) 동안 어린이들을 집에 초대해 어드벤트와 크리스마스에 대해 이야기를 하였다. 그는 나무로 된 바퀴에 23개의 촛대를 꽂아 장식했는데, 4개의 초는 네 번의 일요일을 의미하며, 나머지 19개는 어드벤츠자이트 시작부터 크리스마스까지의 평일을 의미한다고 한다.

기본적으로 어드벤츠 크란츠는 4개의 빨간 초로 장식하지만, 작은 초를 이용할 때에는 24개까지 가능하다. 이는 어드벤츠자이트가 시작되는 날로부터 크리스마스까지 24일이 걸리기 때문이다.
1851년부터 나무 바퀴에 독일가문비, 전나무, 측백, 편백 등의 그린 소재와 빨간 열매를 장식한 것이 지금의 어드벤츠 크란츠로 발전하였다.

Adventskranz(크리스마스 크란츠)

어드벤츠 크란츠는 기본적으로 식탁에 올려놓는 것으로, 편백, 독일가문비, 측백, 소나무 등의 그린 소재로 제작된 뢰머 크란츠에 4개의 초를 꽂아 장식한다. 4개의 초는 크리스마스 4주 전부터 매주 1개씩 불을 붙이는데, 마지막 4주째 되는 날 모든 초에 불을 밝힌다.

Traditone Advenzkranz(전통적인 어드벤츠 크란츠)

전통적인 어드벤츠 크란츠는 기본적으로 원형의 크란츠가 모티프가 되며, 반드시 4개의 초만 사용할 수 있다. 그리고 크리스마스의 상징 색인 빨강과 녹색이 주색이 되어야 한다.

Moderne Advenzkranz(현대적인 어드벤츠 크란츠)

현대적인 어드벤츠 크란츠는 원형의 크란츠를 모티프로 하지 않고 다양한 모양의 오브제를 이용하여 장식한다. 이때 초를 1개에서 24개까지 사용할 수 있다. 현대적인 어드벤츠 크란츠는 현대적인 건물과 모던한 테이블 장식에 어울리도록 재탄생된 것이다.

Blumenkunst

Tisch Dekoration

테 이 블 장 식

Tisch Dekoration
테이블장식

유럽에서 테이블 장식이 탄생하고 발전한 것은 그들의 식문화와 관계가 있다. 동양의 식문화와 유럽의 식문화는 객관적으로 보더라도 큰 차이가 있다. 유럽의 식탁에서는 음식이 개개인에게 초점이 맞추어져 있다. 즉 모든 음식은 각자의 소유 경계가 확실히 나누어져 있다. 반면 동양의 식탁을 보면 공동체라는 것을 알 수 있다. 가장 주요한 음식은 식탁의 중앙에 놓이고, 이 음식은 공동의 소유가 된다. 그리고 각자의 음식들이 개개인 앞에 놓인다. 이러한 식탁의 차이로 인하여 유럽에서는 개인과 개인의 연결 고리로서 음식이 아닌 장식물, 즉 꽃 장식이 발전했다고 볼 수 있다. 이러한 꽃 장식은 식사 중에 많은 이야기를 하는 그들의 문화 속에 하나의 이야깃거리를 제공하고, 분위기를 돋우는 매개체로 이용되기도 하였다.
반면 동양에서는 많은 음식이 식탁에 놓이므로 장식할 공간이 부족하다. 이러한 식탁 문화로 인하여 동양에서는 식탁에 꽃을 장식할 생각을 하지 않은 것 같다. 하지만 식탁 주변에 꽃꽂이 등을 장식함으로써 좁은 의미의 공간 장식이 발전하게 되었다.

Element von der Tischdekoration(테이블 장식의 요소)

- 테이블
- 식탁보
- 촛대와 양초
- 센터피스(꽃 장식)
- 메뉴 관련(접시, 나이프, 포크, 냅킨, 와인잔, 샴페인잔, 물잔, 커피잔, 찻잔 등)
- 알코올(와인, 샴페인)
- 후식(커피, 차, 케이크)

1단계 : **Raumanalysieren**(공간 분석)

테이블 장식을 의뢰받은 후 가장 먼저 해야 할 일은 장식할 공간을 분석하는 것이다. 테이블 장식을 하기 위해서는 테이블이 놓일 공간의 각 요소들에 대해서 조사해야 한다. 예를 들면, 공간 안에 창문이 몇 개 있으며, 어느 정도의 빛을 이용할 수 있는지(이는 파티 시간에 따라 달라질 수 있다) 알아야 조명은 초를 이용할 것인지, 아니면 인공적인 빛을 이용할 것인지를 판단할 수 있다.

전체적인 공간의 색과 구조, 가구와 장식품들의 배치는 테이블 배치, 센터피스의 형태와 색채를 결정하는 데 중요한 근거가 된다.

공간의 냉난방 또한 중요한 요소이다. 냉난방을 어떻게 하는가에 따라 식물의 선택이 달라질 수 있다. 더운 장소에서의 파티는 물이 많이 필요한 식물과 더운 색 계열을 피하는 것이 좋으며, 차가운 색 계열을 첨가함으로써 시원하고 상큼한 느낌을 줄 필요가 있다.

이와 같이 공간에 대한 정확한 정보를 바탕으로 작품을 계획해야 한다. 만약 이러한 과정을 거치지 않고 디자인을 할 경우 장식할 공간과 테이블 장식의 분위기가 전혀 다르게 나타날 수 있다.

- Raumsituation(공간 상황) : 건축 양식, 전체적인 색채, 구조, 장식품 배치 등
- Tisch(테이블) : 테이블의 형태, 크기—참가 인원에 따라 달라진다.
- Licht(빛) : 자연적인 조명, 인공적인 조명
- Heizung oder Kuehl(냉난방) : 자연적 냉난방, 인위적 냉난방—식물 선택에 중요하다.

2단계 : Plan(계획)

장식할 공간에 대한 분석을 마치면 바로 계획에 들어간다. 계획은 주제와 모이는 사람들의 경제적 수준, 연령, 취향, 성별 등에 따라 달라진다. 주제가 명확하지 않으면 정확한 목적에 맞는 테이블 장식을 할 수 없다. 만약 의뢰인이 경제인 사장단을 위한 장식을 의뢰하였는데 주제가 없이 실제로는 젊은 층의 파티로 계획한다면, 엄격한 격식을 중요시하는 사장단의 분위기를 표현할 수 없을 것이다. 따라서 주제를 명확히 설정하는 것이 무엇보다 중요하다. 또한 명확한 주제를 설정했다 하더라도 참가하는 사람들의 계층, 연령, 취향, 인원수 등을 고려하지 않는다면 그들의 특징과 문화 수준에 맞는 디자인을 할 수 없다.
우리 사회에는 계층, 연령에 따라 소비 형태, 취미, 생활 습관 등이 다양하게 나타나는데, 이는 계층별 문화적, 경제적, 교육적 수준에 따라 추구하는 방향이 다르기 때문이다. 이러한 사회적인 분위기는 테이블 장식을 계획할 때 중요한 요소로 작용한다. 제작자의 성격과 취향에 따라 디자인의 성격이 달라질 수 있지만, 의뢰인의 목적에 맞게 디자인을 완성하는 것이 무엇보다 중요하다.

Thema(주제)

계절적 주제(봄, 여름, 가을, 겨울)
연령별 주제(10대, 20대, 30대, 60대 등)
목적에 맞는 주제(결혼식, 약혼식, 장례식, 돌잔치, 생일잔치)
사업적 주제(토론, 협상, 정례 브리핑 등)
국가적 주제(현충일, 제헌절 등 국가 기념일)
종교적 주제(가톨릭, 기독교, 불교 등)

Ziel gruppe(목표 그룹)

계층별(소비 그룹, 절약 그룹 등)
연령별(각 연령에 따라 취향, 색깔 등)
종교별
거주지별
문화적, 경제적, 교육적 수준

Milieu(배경/환경/계층)

독일의 시그마라는 회사는 매년 소득 수준, 문화 수준, 교육 수준, 소비 형태, 취미 등에 따라 국민 계층을 10등급으로 분류하여 조사 발표한다.
각 계층은 등급에 따라 독특한 특징을 가지고 있는데, 플라워 디자이너는 이러한 데이터를 바탕으로 각 계층이 요구하는 디자인의 수준을 인지해야 한다. 특히 플라워숍의 마케팅에 적용함으로써 고객들의 소비 경향과 그들이 어떠한 디자인을 좋아하는지를 파악하여 영업 개선에 활용할 수 있다.

- Traditionelles Arbeitermilieu (4.9%~3.4 Mio.)
- Konsum-materialistisches Milieu (10.5%~7.3 Mio.)
- Hedonistisches Milieu (9.9%~6.8 Mio.)
- Traditionelles bürgerliches Milieu (12.3%~8.5 Mio.)
- Aufstiegsorientiertes Milieu (17.1%~11.8 Mio.)
- Modernes bürgerliches Milieu (11.9%~8.2 Mio.)
- Modernes Arbeitnehmermilieu (9.2%~6.3 Mio.)
- Etabliertes Milieu (9.1%~6.3 Mio.)
- Liberal-Intellektuelles Milieu (8.2%~5.7 Mio.)
- Postmodernes Milieu (6.9%~4.8 Mio.)

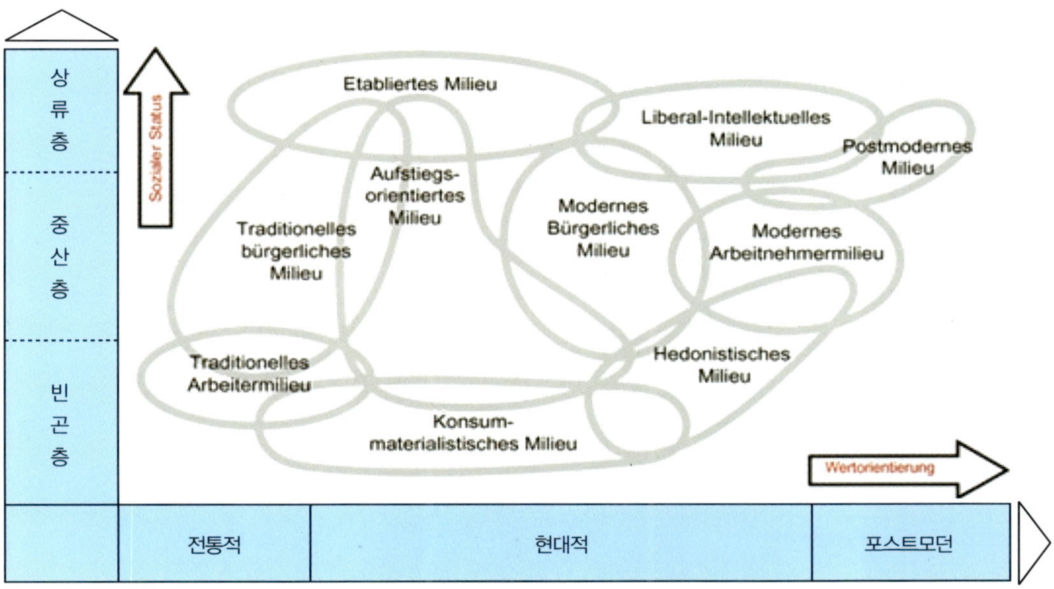

3단계 : Ausführung(실행)

Gestalterische Ausführung(조형학적 실행)

디자인을 객관적으로 판단하기 위해서 이론적인 부분을 고려하여 제작하는 단계이다.

조형의 각 요소에 따라 디자인을 체계적으로 실행해야 하며, 어레인지먼트를 이용할 경우에는 화기의 종류, 크기, 색, 질감 등을 고려해야 한다. 구조물을 이용할 경우에는 자연적 구조물이냐 비자연적 구조물이냐에 따라 분위기가 달라지므로 전체적인 주제에 맞게 조화를 이룰 수 있도록 실행해야 한다.

- Gestaltungsart(질서/배열의 종류) : Symmetrie(대칭), Asymmetrie(비대칭)
- Anordnungsweise(구성의 종류) :
  Ein Wachstumspunkt(일생장점), Mehrer Wachstumspunlt(복수 생장점)
- Menge(식물의 양) : Fuelle(많음), Vereinzelung(적음)
- Grad der Natuerlichkeit(자연적 정도) :
  Natuerlich(자연적), Verfremdet(비자연적)
- Gruppierung(집단/무리의 배열) : Reihung(일직선 장식)
- Gruppieren gleicher Teile(같은 모양의 배치)
- Gruppierung ungleicher Teile(서로 다른 모양의 배치)
- Gruppierung in der freien Ordnung(아심메트리 상태에서 다른 모양의 배치)
- Gesteck(어레인지먼트), Objekt(구조물), Strauss(꽃다발), Kranz(리스), Herz(하트), Girlande(갈란드), Pyramide(피라미드) 등을 이용

Augenhoehe(눈높이)

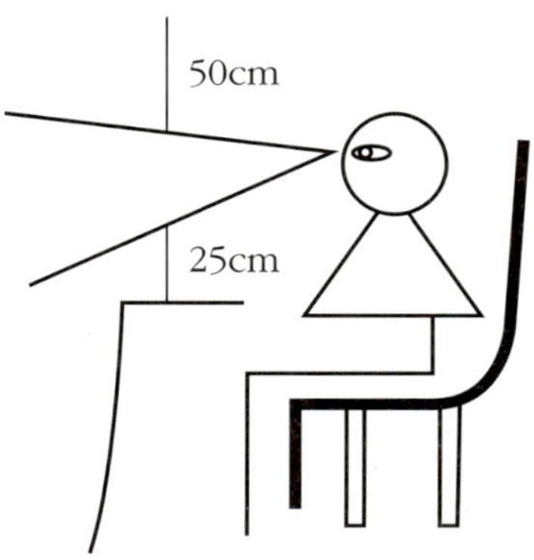

테이블 장식에서 꼭 지켜야 할 점이 눈높이이다. 식탁은 식사를 하는 동시에 이야기를 하는 대화의 장소이기도 하다. 따라서 상대편의 얼굴이 잘 보이도록 앉은 자세에서 25~50cm의 공간은 장식을 하지 않고 비워 두어야 한다. 어쩔 수 없이 이 공간을 장식할 경우에는 상대편의 얼굴을 보는 데 지장이 없도록 아주 작은 선들을 이용하여 장식하면 된다. 하지만 대개는 이 공간을 피해서 장식한다.

Tischform(테이블 형태)

테이블의 형태는 주제의 목적, 참가자의 수, 공간 배치, 음식의 종류에 따라 달라질 수 있다. 주제가 협상일 때는 사각형이나 원형 테이블을 고려할 수 있으며, 많은 인원이 참가할 때에는 T형이나 U형을 사용하는 것이 좋다.
테이블의 형태는 직사각형, 정사각형, 원형, 타원형, T형, U형 등이 있으며, 공간에 따라 다른 모양을 선택할 수 있다.

Proportion bei Tischdekoration(테이블 장식에서의 비례)

테이블 장식의 요소들을 테이블 위에 배치할 때의 비례는 센터피스가 중심이 되어야 한다. 센터피스의 높이에 따라 접시와 촛대, 여러 종류의 컵의 높이가 정해진다. 이러한 수치는 수학적인 숫자보다는 인간의 감각 기관을 이용하여 감각적으로 Harmonie(조화)를 이룰 수 있도록 하는 것이 중요하다.

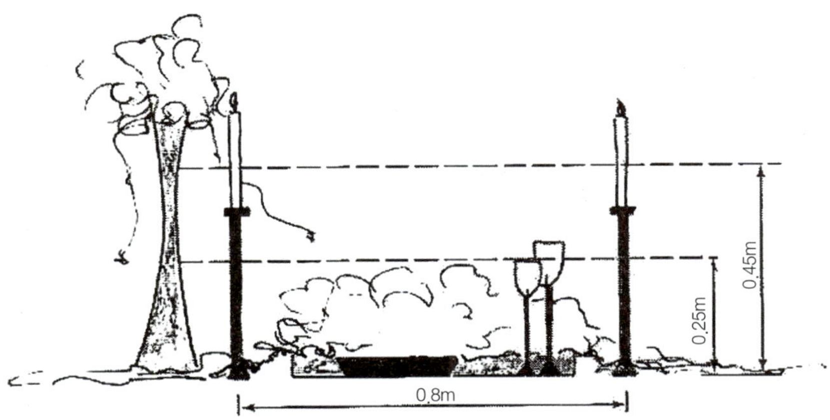

Gedeck(메뉴 커버)

메뉴 커버는 메뉴 세트의 크기에 따라 달라지고, 메뉴 세트는 식사의 종류에 따라 달라진다.
독일에서는 아침 식사를 빵과 커피로 간단하게 하고, 점심 식사를 가장 중요하게 생각한다. 점심 식사로는 보통 4-gaenge Menue(코스)의 메뉴를 정한다.
커버의 크기에 따라 테이블의 크기를 정할 수 있는데, 이로써 한 테이블에 몇 명이 함께 식사를 할 수 있는지 쉽게 파악할 수 있다.

커버의 크기

기본 메뉴 : 40×35cm

정식 메뉴 : 45×45cm

후식(커피, 케이크) : 35×40cm

아침 식사 : 55×45cm (빵, 커피, 잼, 버터, 햄 등 가짓수가 많다)

센터피스 계산

테이블 크기 : 120×100cm

메뉴 : 기본 메뉴

참가 인원 : 4명

위와 같은 조건에서 센터피스를 일직선으로 길게 장식할 경우 길이와 폭은 120×30cm로 장식하는 것이 일반적이다.

Dept. of Floral Design
플로랄디자인과
Dept. of Ceramic Design
도자디자인과

Raumdekoration(공간 장식)

플로리스트의 작업 중에서 큰 작업에 속하는 공간 장식은 방, 거실을 식물적인 소재를 이용하여 장식한 데에서 시작되었다. 하지만 시대가 변하면서 사회 여러 부문에서 꽃을 이용하여 장식하게 되었는데, 이것이 오늘날의 플로리스틱 공간 장식이다.

현대 산업 사회의 발전으로 도시화가 촉진되면서 일상생활에서 식물을 접할 수 있는 기회가 적어졌다. 이 때문에 사람들은 식물을 접하기 위해서 가까운 공원에 가거나, 일부러 멀리까지 가서 식물을 감상해야 하는 형편이 되었다.

이러한 현실에서 식물을 이용한 공간 장식은 일상생활에 지친 도시민에게 많은 공감을 얻으면서 인간의 삶을 질적으로 향상시켜 주는 역할을 하고 있다.

주변에서 쉽게 볼 수 있는 플로리스틱 공간 장식으로는 교회 장식, 국제회의 장식, 무대 장식, 쇼윈도 장식 등이 있다.

공간 장식을 실행할 때에는 테이블 장식에서 언급한 것처럼 공간을 분석하고, 그 공간과 그곳에서 행해지는 행사의 목적이 서로 어우러지도록 유기적으로 장식하는 것이 무엇보다 중요하다.

또한 공간에 속한 여러 장식 요소와 꽃 장식이 서로 이질적으로 표현되는 것보다 조화를 이룰 수 있도록 꽃과 공간의 비례, 꽃과 공간의 색채, 꽃과 공간의 구조 등 여러 조형 요소를 생각하면서 디자인을 접목시켜야 한다.

공간 장식은 공간에 속한 요소들이 하나의 연결 고리처럼 조화를 이루어 내는 작업으로서 Bluetensaeule(꽃기둥), Gesteck(어레인지먼트), Kranz(리스), Haenging(공중에 걸어서 장식하는 것), Topfpflanzen(화분), Pflanzenschale(식물 심기) 등 여러 가지 디자인을 활용할 수 있다. 하지만 어레인지먼트 하나를 공간에 장식하는 것을 공간 장식이라고 말하기는 곤란하다. 공간 장식은 단순히 어레인지먼트를 공간에 배치하는 데 그치는 것이 아니라 공간과 인간을 연결해 주는 식물적인 장식들이 조화를 이룰 때 진정으로 완성된 식물학적 공간 장식이라고 말할 수 있다.

화분을 이용한 공간 장식은 단순히 장식적인 효과만 제공하는 것이 아니라 우리 인간에게 많은 기능적인 효과를 제공한다. 우리가 생활하는 공간에는 톨루엔, 벤젠, 담배 연기, 이산화탄소 등과 같은 유해 물질이 존재한다. 공간 장식은 이러한 유해 물질을 감소시키는 역할을 하며, 시각적으로 항상 녹색을 제공함으로써 피로감을 줄여 준다. 또한 식물은 매일 수분을 흡수하기 때문에 습기를 공급하는 역할을 한다.

인간이 얻을 수 있는 가장 큰 혜택은 산소를 공급받는다는 것이다. 식물은 광합성 작용을 하여 포도당과 산소를 생산한다. 이때 산소는 인간을 위해서 배출하고 포도당은 스스로 영양분을 보충하기 위해서 흡수한다. 이와 같은 이유로 식물을 이용한 공간 장식은 앞으로 더 넓은 영역으로 발전할 것이다.

공간 장식을 할 때 고려할 사항

- 식물은 가능한 한 큰 것을 선택한다.
- 천장에 매달아 장식할 때에는 떨어지지 않도록 잘 고정한다.
- 식물과 건축 공간이 잘 어울리도록 디자인한다.
- 생화를 사용할 경우 물 공급을 원활히 할 수 있는 방법을 선택한다.
- 조명을 활용하여 분위기를 돋운다.
- 구조물을 이용할 때에는 움직이지 않도록 잘 고정한다.
- 사람이 자주 이동하는 공간은 장식을 피한다.
- 냉난방을 고려하여 식물을 선택한다.
- 조형적인 이론에 맞도록 제작한다.
- 건축 양식과 디자인이 조화를 이룰 수 있도록 공통성을 찾는다.

공간 장식으로 얻을 수 있는 효과

- 공간이 정리 정돈되는 효과가 있다.
- 시각적인 무게 중심을 만들어 낸다.
- 분위기를 만들거나 변화시킨다.
- 공간을 나누거나 합치는 효과가 있다.
- 긍정적인 감정을 불러일으킨다.
- 조형적인 변화를 줄 수 있다.

식물이 인간에게 주는 긍정적 효과

- 산소를 공급한다.
- 이산화탄소, 담배 연기 등과 같은 유해 물질을 감소시킨다.
- 공중 습도를 제공한다.
- 피로를 감소시킨다.
- 동료 간에 이야깃거리를 제공한다.
- 장식적인 효과를 제공한다.
- 심리적으로 안정감을 준다.
- 온도를 낮추는 효과가 있다.

Bluetensaeule(꽃기둥)

꽃기둥은 공간 장식을 할 때 위 공간과 아래 공간을 연결시켜 주는 좋은 방법 중의 하나로, 바닥에 고정시켜서 장식하는 방법과 천장에 매달아 장식하는 방법으로 나눌 수 있다. 꽃기둥은 나무줄기를 이용하여 큰 공간을 만들어 주고, 생화나 분화를 이용하여 장식적인 강조를 나타낸다.

- 꽃기둥은 높은 공간에 잘 어울린다.
- 꽃을 많이 사용하는 것보다는 특색 있는 폼플라워를 이용한다.
- 이동이 간편하다.
- 제작이 쉽고 빨리 해체할 수 있다.
- 장식적인 효과가 크다.

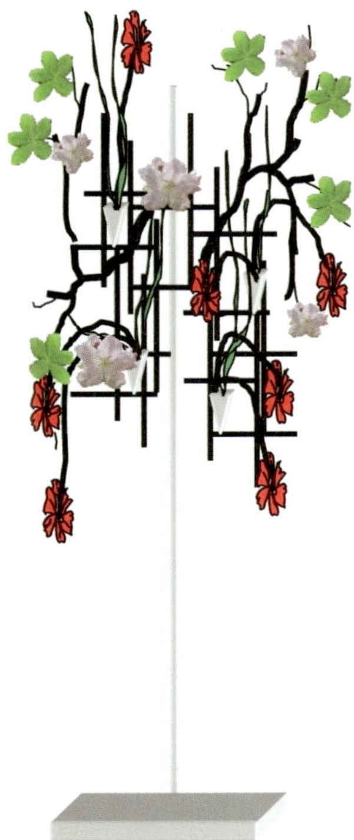

Unterschiedliche Bluetensaeule(다양한 꽃기둥)

색채를 테마로 하여 제작된 Bluetensaeule이다. 나뭇가지로 다양한 선의 아름다움을 표현하고, 강한 색채로 시선이 머물도록 하였다.

나뭇가지의 자연스럽고 율동적인 선과 수선화의 부드러운 줄기의 대비가 돋보이는 Bluetensaeule이다.

Blumenkunst

Trauerbinderei

장 례 식 장 식

나라에 따라 장례식 문화와 절차는 다양하다. 내가 근무했던 뮌헨에는 동서남북으로 4개의 공동묘지가 있는데, 모두 시내에 위치하고 있으며 역사는 150년 정도 됐다고 한다. 특이한 것은 독일 사람들은 공동묘지를 하나의 공원으로 생각한다는 것이다. 날씨가 좋으면 연인들이 산책을 하기도 하고, 벤치에 앉아 책을 읽기도 한다. 때로는 가족과 함께 점심을 즐기는 장소로도 활용한다. 우리나라의 공동묘지와는 전혀 다른 분위기를 연출하는 것이다.

각각의 공동묘지에는 장례식을 치를 수 있는 공간이 있는데, 사람이 죽으면 바로 영안실로 옮겨진다. 유족들은 플라워숍을 방문하여 장례식에 필요한 꽃들을 주문 제작하는데, 대개는 고인이 생전에 좋아하던 꽃으로 결정한다. 우리나라의 장례식에는 흰 국화가 많이 사용되지만, 독일에서는 꽃의 종류와 색에 크게 의미를 부여하지 않는다.

유족들은 관을 장식하는 Sargsboket(관 뚜껑을 장식하는 디자인), 관 주위를 장식하는 Kranz(리스), 그리고 장례식장을 장식할 양초와 공간 장식을 주문하는데, 일반적으로 1000~2000유로의 비용을 지출한다.

독일의 장례는 매장을 하는 것이 원칙이다. 우리나라에서는 1m 정도의 깊이에 매장을 하지만, 독일의 경우는 2~3m의 깊이에 매장을 한다. 우리나라의 매장 문화와 다른 점은 하관할 때 장례식에 사용된 꽃들도 함께 매장하는 것이다. 우리나라는 분묘가 완성될 때까지 유족들이 남아서 마무리 작업을 지켜보지만, 독일에서는 매장 순간은 보지 않고 집으로 돌아가며, 공동묘지의 직원들이 마무리 작업을 하게 된다. 유족들은 다음 날에 방문하여 완성된 묘지를 확인한다.

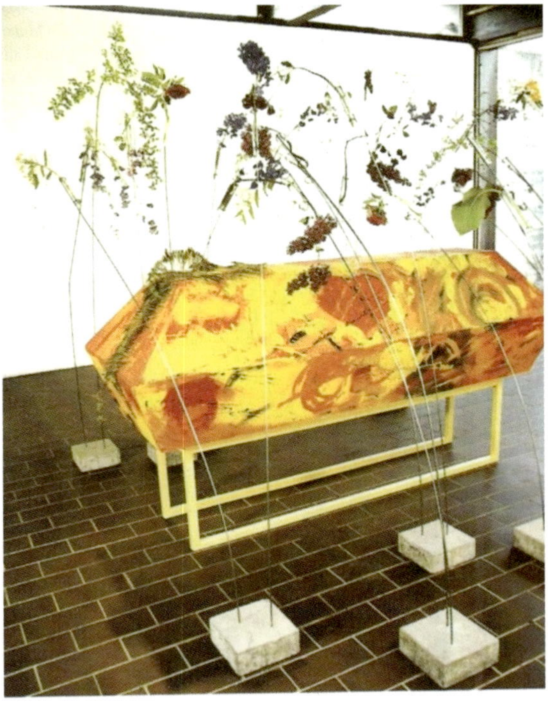

독일식 장례에 필요한 장식은 다음과 같다.

- Sargschmuck(관 장식)
- Trauerkranz(장례식 리스)
- Kreuz(십자가)
- Herzen(하트)
- Kissen(쿠션)
- Blumen Halskette(꽃목걸이)
- Urnenschmuck(유골함)
- Grabgestaltung(묘지 장식)

Sargschmuck(관 장식)

관 장식은 관 뚜껑에 장식하는 디자인으로, 정형적이고 엄숙한 심메트리로 많이 제작한다. 관 위에 긴 나무판을 대고 그 위에 오아시스를 고정한 후 꽃과 소재를 이용하여 장식하는데, 고인이 생전에 좋아하던 꽃으로 장식하는 것이 일반적이다.
우리나라에서는 국화꽃이 장례식의 상징으로 많이 쓰이지만, 독일에서는 꽃보다는 리스, 십자가 등의 완성된 작품이 상징적인 의미를 가지고 있는 것이 특징이다.

Trauerkranz(장례식 리스)

장례식 리스는 우리나라의 근조 화환과 같은 역할을 한다. 기본 베이스는 편백, 측백 등으로 제작하고 크란츠 머리에 오아시스를 고정한 후 여러 색으로 혼합된 어레인지먼트로 장식한다. 우리나라에서는 리본 글씨를 붓으로 직접 쓰거나 컴퓨터로 인쇄를 하지만, 독일에서는 금박 글자를 인쇄한다. 우리나라와 같이 한쪽에는 '근조'라는 의미의 문구를 적고, 다른 한쪽에는 보내는 사람의 이름을 적는다.

장례식장에서 관의 앞쪽에 세워 장식하는 게 일반적이지만 그냥 바닥에 장식하는 경우도 많다.

Kreuz(십자가)

십자가가 예수 그리스도의 상징으로 쓰이고 있는 것은 그가 십자가에 못 박혀 죽었기 때문이다. 그러나 십자가는 기독교가 나타나기 훨씬 전부터 고대 민족 사이에서 종교적인 상징으로 쓰였다.

고대 바빌로니아 인은 하늘의 신인 아누의 상징으로서 등변 십자가를 사용하였고, 고대 이집트 인은 영생의 상징으로서 바퀴가 달린 십자가를 사용하였다. 또 그리스 신화에서는 아폴론 신이 십자 모양의 홀을 가지고 있는 것으로 나타나고, 북유럽 신화 등장하는 토르 신 역시 십자 모양의 해머를 가지고 있다.

인도에서는 옛날부터 만卍자 모양의 갈고리형 십자가가 사용되었는데, 힌두교에서는 오른쪽 어깨가 올라간 갈고리형 십자가는 남성적 원리를, 그 변형으로 왼쪽 어깨가 올라간 것은 여성적 원리를 상징하였다.

이와 같이 십자가는 오래전부터 종교적 행사에 많이 사용된 것을 알 수 있다. 독일에서 십자가 디자인이 장례식에 많이 사용되는 것은 국민 대다수가 기독교인이기 때문이라고 볼 수 있다.

Herzen(하트)

하트는 사랑의 상징으로서 지구촌 어디에서나 같은 의미로 통용되고 있다. 장례식에서도 사랑하는 사람을 멀리 떠나 보내는 심정을 담아 영원히 사랑한다는 의미에서 제작하게 되었다고 한다. 왼쪽 사진은 하트 모양의 오아시스에 여러 종류의 꽃을 꽂아 하트 모양으로 완성한 것이다.

Kissen(쿠션)

사각형의 오아시스에 많은 꽃을 장식하여 쿠션 모양으로 완성하였다.
쿠션은 고인이 오랫동안 쿠션에 기대어 편히 주무시라는 의미를 가지고 있다고 한다.

Blumen Halskette(꽃목걸이)

꽃목걸이는 어린아이가 죽었을 때 목에 걸어 장식했다고 한다.
우리나라에서는 어린아이나 결혼하지 않은 사람이 죽으면 묘지를 만들지 않는 풍습이 있지만, 독일에는 어린아이용 묘지가 따로 있으며, 일반 묘지보다 순수하고 청결하게 장식한다.

Urnenschmuck(유골함)

독일도 우리나라와 마찬가지로 화장보다는 매장을 하는 문화이다. 매장을 하고 나서 몇십 년이 지나면 뼈만 추려서 항아리에 담아 다시 한 번 장례 의식을 치르는데, 이때 항아리를 식물적인 소재로 장식한다. 독일에도 우리나라와 같이 가족묘가 있지만 묘지 수가 늘어나면 경제적으로 관리가 어렵기 때문에 뼈만 항아리에 옮겨 담아 매장한다.

Grabgestaltung(묘지 장식)

모든 장례 절차가 끝나면 유족과 조문객들은 집으로 돌아가고, 묘지 관리인들이 미리 준비된 비석과 식물들을 이용해 묘지를 장식한다. 이때 유족은 참가하지 않고 다음 날 방문하여 묘지가 잘 완성되었는지 확인한다. 독일의 묘지는 매년 두 번씩 식물을 교체한다. 봄에는 초화류로 화사하게 장식하고, 겨울에는 과실수나 침엽수, 상록수 등을 이용하여 묘지를 돋보이게 장식한다.

Unterschiedliche Grabgestaltung(다양한 묘지 장식)

DER
FAMILIEN
VOLZ
KOPP
HOFMEIER

Blumenkunst

Objekt

오 브 제

Objekt

오브제

오브제는 물체 또는 객체라는 의미로, 일반적으로 하나의 대상을 나타낸다. 현대 미술에서도 큐비즘(입체파) 등에서는 작품의 주제보다 대상인 물체를 중히 여겼다. 오브제라는 말은 다다이즘과 초현실주의에 사용되면서 특수한 용어가 되었는데, 프랑스의 화가 마르셀 뒤샹이 1917년 변기를 '샘'이라는 제목을 붙여 전람회에 출품한 것이 대표적이다. 또한 모빌과 같이 전통적인 조각 형식을 깬 새로운 구성 작품을 오브제라고 하기도 한다.

나투어 오브제는 자연적인 소재를 이용하여 구조물을 제작하는 작업이다.

자연에는 나무, 뿌리, 잎, 돌, 흙, 물, 껍질, 열매, 잡초 등 여러 가지 식물적 소재가 널려 있다. 이러한 소재들은 현대 건축에서 의식의 전환으로 하나의 예술 장르로 정착하게 되었다. 세계적으로 나투어 오브제를 제작하는 예술가들이 등장하였고, 플로리스트의 작업 또한 나투어 오브제를 이용하여 광범위한 영역에서 활용할 수 있게 되었다.

나투어 오브제로 가장 유명한 작가로는 영국의 Andy Goldsworthy가 꼽힌다. 그는 나투어 오브제를 이용하여 하나의 설치 작품으로 전환하는 작업을 주로 한다. 그의 작품 중에 인상적인 것이 있다. 아주 더운 여름날 런던 거리에 커다란 공 모양의 눈덩이가 놓인다. 아침 출근길에 많은 사람들이 어디에서 이런 공 모양의 눈덩이가 왔을까 의아한 표정으로 그것을 바라보았다. Andy Goldsworthy는 눈 덮인 산에서 나뭇가지, 돌 등의 자연적 소재와 눈으로 공 모양의 눈덩이를 만들었고, 그것을 한여름날 런던의 출근길에 가져다 놓았던 것이다. 눈이 녹으면서 나뭇가지, 돌 등의 자연적 소재가 런던 거리에 자연 상태 그대로 널리게 되었다.

자연적 소재를 이용한 나투어 오브제는 설치와 배치에 따라 다양한 각도에서 각기 다른 인상을 주는 새로운 형태의 예술로 자리 잡게 되었다. Nils-Udo, Christo, Richard Long 등도 나투어 오브제로 유명한 작가이다. 이들 또한 각자의 개성과 감각으로 자연적 소재를 이용하여 다양한 나투어 오브제를 제작하고 있다.

• 오른쪽 사진은 소재를 가공하여 제작된 나투어 오브제이다. 소재가 가공되어 있기 때문에 식물 소재는 장식 기간이 짧다는 단점이 보완되어 오랫동안 감상할 수 있으며, 인공적 소재가 아닌 자연적 소재라서 빛의 각도와 감상하는 위치에 따라 다양한 느낌을 받을 수 있는 장점이 있다.

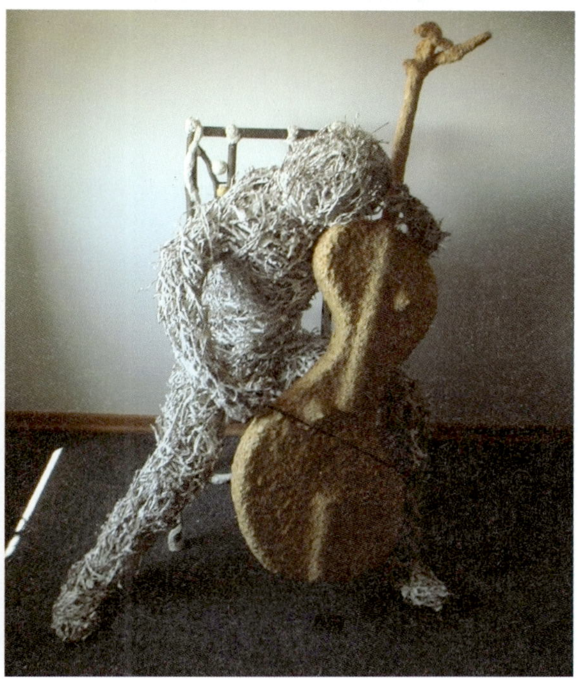

Rauminstalltion(설치 작품)

설치 미술은 개성적인 진열 방식을 도입하여 작품의 메시지를 좀 더 효과적으로 전달하는 방식의 예술 분야이다. 특히 현대 사회의 특징이라 할 수 있는 다양성을 기초로 하여 발전한 분야로, 비엔날레를 통해서 대중들에게 친숙해졌다.
플라워 디자이너들 또한 이러한 사회적인 흐름에 맞추어 자연적 소재를 이용하여 다양한 설치 작품을 선보이고 있다. 독일 국립꽃예술학교 바이헨슈테판에서는 매년 두 번의 전시회가 있는데, 특히 겨울 전시회는 자연적 소재로 제작된 설치 작품을 선보이고 있다.

독일 국립꽃예술학교 바이헨슈테판의 자연적 소재를 이용한 설치 작품

일반 대중들이 이러한 작품을 신선하게 받아들이는 것은 재료의 친근성 때문이다. 대부분 우리 주변에서 볼 수 있는 재료로 제작되었기 때문에 많은 이들에게 호기심을 유발하는 효과가 있다. 새로운 개념의 예술 형태로 변형된 바이헨슈테판의 설치 작품은 독일의 예술계에 신선한 충격을 주면서 새로운 방향을 제시하고 있다.

Blumenkunst

Natuerstudien

자 연 관 찰

Natuerstudien
자연 관찰

자연은 플로리스트들에게 많은 것을 제공한다. 자연 모습을 통해서 우리는 형태, 색, 성질, 개성, 구조, 질감, 율동성, 선, 점, 면 등의 여러 조형 요소들을 배우게 된다. 자연은 또한 플로리스트들에게 무한한 가치를 제공한다. 단순히 소재를 제공하는 것뿐만 아니라, 그들의 움직임 하나하나에서 많은 아이디어를 제공하고 있다.

독일 국립꽃예술학교 바이헨슈테판 조형 철학의 출발점은 자연을 꼼꼼히 관찰하고 이해하는 것이다. 자연 속에는 자연의 법칙이 있다. 자연의 법칙을 적용하여 제작된 작품은 정확한 황금 비율을 나타냄으로써 시각적으로 안정감을 느끼게 한다.

조형 작품을 단순히 장식적으로 아름답게 제작하는 것보다는 식물들의 개성을 살려 작품 속에서 잘 표출되도록 하고, 인공적인 소재와 조화를 이룰 수 있도록 각각의 개성을 잘 살려 내야 한다.

이처럼 자연 현상은 플로리스트들의 작품 속에 그대로 전환할 수 있다. 하지만 상품화 목적으로 재배된 꽃은 식물적 디자인을 강조한 독일식 플로리스틱, 즉 바이헨슈테판 플로리스틱을 표현하기에는 한계가 있다.

자연에서 직접 식물을 채취하여 꽃다발을 만들고 크란츠를 제작해 보면 어떨까. 식물들을 하나하나 채취하면서 각각의 식물들이 자라는 환경을 체험하고 그들의 습성과 특징을 파악하여 작품으로 전환한다면 자신만의 독특한 개성이 담긴 작품을 제작할 수 있을 것이다.

Stilvoller
Grabschmuck
Franz Kolbrand
Europa windet
den Kranz

Pflanzenflugbilder(식물을 공중에 날려서 그림처럼 표현하는 작업)

자연적 소재들을 공중에 띄운 후, 그것들이 지면으로 떨어질 때의 모양이나 움직임들을 사진에 담아내는 작업이다. 식물적 소재의 크기, 모양, 무게 등과 바람의 세기에 따라 각기 다른 느낌으로 표현할 수 있다.

Gestaltung, Design이란 작은 것들이 모여 새로운 무언가를 만들어 내는 것을 말한다. 식물 소재 하나하나가 높이 치솟아 오르다가 떨어지면서 바람과 중력의 영향을 받아 하나의 형상 또는 움직임으로 새롭게 보이는 현상을 사진에 담아 서정적이고 시적인 그림으로 완성해 보았다.

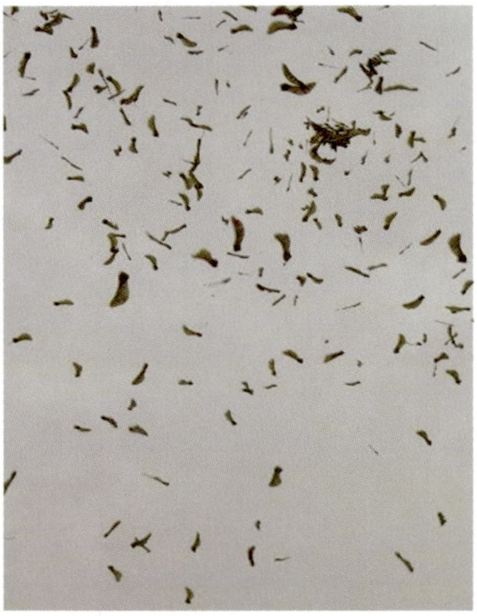

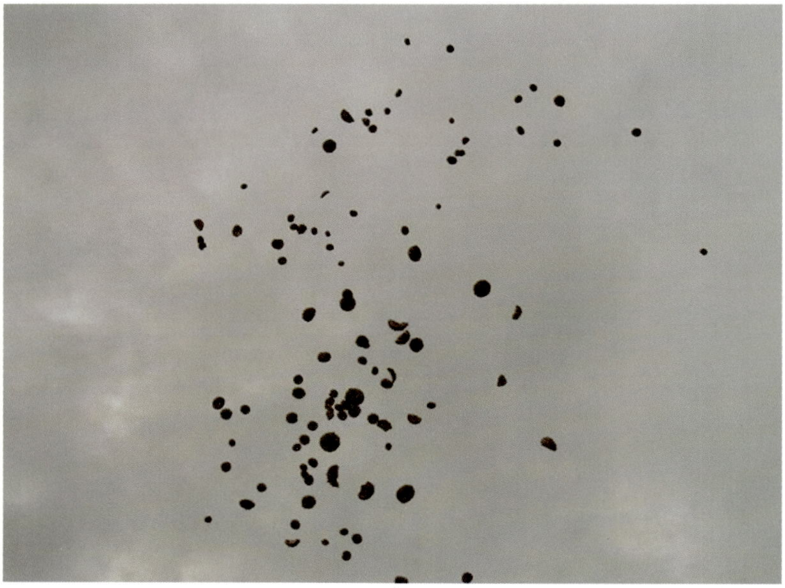

독일의 플라워 디자인 관련 자격증

1. 플로리스트

2. 마이스터 플로리스트

3. 테크닉커 플로리스트 국가 인정 플로리스트

1. 플로리스트

교육 기관 : Berufsschule

학교 구분 : 국립

교육 장소 : 전국 각 지역

교육 기간 : 3년

교육 비용 : 무료(실습비는 회사 부담)

졸업 작품 비용 : 개인 부담

급여 : 300유로

교육 형태 : 산학 공동 교육

- 1학년 : 학교 주 1일, 회사 주 4일
- 2, 3학년 : 학교 주 2일, 회사 주 3일

Berufsschule는 직업 교육을 담당하는 학교이며 독일의 모든 지역에 설립되어 있다. 교육 기간은 학생의 조건에 따라 2년에서 3년이 걸린다. 예를 들어 대상자가 대학을 졸업했으면 2년 과정을 받을 수 있다.

학교에 입학하기 위해서는 Ausbildung을 할 수 있는 회사와 먼저 계약을 해야 하며, 회사에서 받은 계약서를 학교에 제출하면 입학이 허가된다.

처음 1년 동안은 학교에서 주 1회 이론 수업을 진행하며, 나머지 4일간은 회사에서 현장 수업을 진행한다. 이 기간에 실습생은 상품을 제작할 수 없으며, 제작 전 단계의 꽃 정리, 관수, 청소 등의 작업을 하면서 숍의 운영 체계를 익히게 된다.

2, 3학년이 되면 학교에서 주 2회 이론과 실기 수업을 하고 나머지 3일은 회사에서 현장 실습을 한다. 이 기간에 실습생은 간단한 상품을 제작할 수 있으며, 고객의 주문을 받을 수도 있다.

학생들은 회사에서 주 20시간 정도 근무를 하고 교통비와 식비를 포함하여 300유로 정도의 급여를 받는다. 또한 학교 실기 수업 재료와 졸업 시험의 모든 재료를 회사에서 무료로 제공받는다.

2. 마이스터 플로리스트

교육 기관 : Meisterschule

교육 목표 : 창의적이고 기교 있는 플로리스트 양성

학교 구분 : 사립

교육 장소 : 전국 10개소

교육 기간 : 1년 과정(주 5일 수업)
1년 6개월 과정(주 3일 수업 또는 야간 수업)

입학 시험 : 없음(서류 심사)

교육 비용 : 개인 부담

졸업 작품 비용 : 개인 부담

입학 조건 : Berufsschule 졸업 후 플로리스트로서 3년간 활동한 사람

1년 또는 1년 6개월의 교육 과정을 거쳐 졸업 시험에 합격하면 마이스터 플로리스트를 취득하게 된다.
마이스터슐레는 전문가 과정이기 때문에 플로리스트 과정처럼 단순한 작품은 제작하지 않으며, 좀 더 기교 있는 작품을 제작하게 된다. 1년 과정을 수료한 후 IHK(독일상공회의소)에서 주관하는 시험에 합격하면 마이스터 플로리스트를 취득할 수 있다.
마이스터 플로리스트는 IHK에서 관리 감독한다.

• IHK는 정부로부터 자격 관련 업무를 위임받아 마이스터 시험을 관리 감독한다.

3. 테크닉커 플로리스트(국가 인정 플로리스트)

교육 기관 : Staatliche Fachschule Fuer Blumenkunst Weihenstphan

학교 구분 : 국립

교육 목표 : 창의적인 조형 작품 제작이 가능하면서 플로리스트 교육을 담당할 지도자 양성

교육 장소 : 전국 1개소

교육 기간 : 2년

입학 시험 : 있음(조형학, 회계학, 사회학, 실기 두 과목)

교육 비용 : 무료

졸업 작품 비용 : 무료

입학 조건 : Berufsschule 졸업 후 플로리스트로서 3년간 활동한 사람

테크닉커 플로리스트는 국가 자격증으로서 독일 주 정부가 운영하며, 독일에서 한 곳밖에 없는 국립 꽃예술학교이다.
정원은 한 해에 15~20명이며, EU를 제외한 유학생은 2명까지 입학이 가능하다.
지금까지 아시아에서는 7명(일본인 6명, 한국인 1명)이 졸업했다.
이 학교에는 Probezeit(6개월간 이수하는 과목 중 한 과목 이상 떨어지면 입학이 취소되는 제도)라는 견습 기간이 있는데, 입학 6개월 후에 시험에 떨어지면 입학이 취소된다.
졸업 시험에서도 한 과목이라도 합격하지 못하면 졸업을 할 수 없으며, 불합격자는 다음 해에 한 번의 기회를 얻는다. 졸업 시험에 합격하면 독일 주 정부로부터 테크닉커 플로리스트, 즉 국가 인정 플로리스트를 취득한다.

이상과 같이 독일에는 3가지의 플로리스트 자격증이 있으며, 학교에 따라서 디자인이 다르기 때문에 자기가 어떤 형태의 디자인에 적합한가를 먼저 확인한 후에 학교를 선택하는 것이 좋다.
독일의 모든 자격증은 학교를 통해서만 취득이 가능하다.

참고 문헌

1) Florist

공동 저자 : Walford, Baralge, Lucht, Wieler

출판사 : Ulmer 2005

2) Fachkunde fuer Floristki

공동 저자 : Ahrens, Lindner, Nabel, Ochsenfeld, Roetscher, Schorn

출판사 : Eins 2003

3) Europa windet den Kranz

저자 : Franz Kolbrand

출판사 : verlang Bund Weihenstephaner Blumenbinder, Freising 2003

4) Trauer

출판사 : verlang Bund Weihenstephaner Blumenbinder, Freising 2003

5) Staatliche Fachschule fuer Blumenkunst Weihenstephan 수업 자료

플라워 디자인

초판 1쇄 인쇄일 2009년 2월 23일

초판 1쇄 발행일 2009년 2월 27일

저자 조연웅

펴낸이 김재광

펴낸곳 도서출판 솔과학

출판등록 1997년 2월 22일(제 10-140호)

주소 서울시 마포구 염리동 164-4 삼부골든타워 302호

전화 (02) 714-8655

팩스 (02) 711-4656

ISBN 978-89-87794-22-8